# ALMAS EM
# TRANSE

# L. PALHANO JR.

# ALMAS EM TRANSE

deuses em delírio nas suas transmigrações planetárias

## ❧ ROMANCE ESPÍRITA ☙

Lachâtre

Direitos de publicação cedidos pelo autor ao
INSTITUTO LACHÂTRE
Caixa Postal 164 – CEP 12914-970 – Bragança Paulista – SP
Telefone: 11 4063-5354
Página na internet: www.lachatre.org.br
E-mail: editora@lachatre.org.br

EDITOR
PEDRO CAMILO

CAPA
FERNANDO CAMPOS

1ª edição – Maio de 2018

CIP-Brasil. Catalogação na fonte

P166t    Palhano Júnior, Lamartine, 1946-2000.
              Almas em transe / L. Pal1ano Jr. – Bragança Paulista,
         SP: Instituto Lachatre, 2018, 1ª Edição.
         160p.
              1. Romance  espírita  2.Espiritismo.  3.Mediunidade.
         4.Varredura mediúnica. I.Título. II. Bibliografia.

         CDD 133.9                          CDU 133.7

Impresso no Brasil
*Presita en Brazilo*

Eu disse: – Vós sois deuses, e vós outros todos são filhos do Altíssimo. Todavia, como homens morrereis e caireis como qualquer dos príncipes.

(Salmo 82, 6-7)

# PREÂMBULO

A não ser as pessoas que pertençam a grupos de fanáticos religiosos, hoje em dia é notória a aceitação, até mesmo pelo mundo infantil, da pluralidade dos mundos habitados. Os teóricos, os ficcionistas e os romancistas não resistem à tentação de ensaiar algumas letras a respeito da variedade de vida que possa existir nos mundos que circundam as diversas estrelas que iluminam os nossos céus.

Se há vida inteligente num planeta como a Terra, que pertence a um sistema solar de quinta grandeza, por que não nos planetas que rodopiam em torno de estrelas ainda muito mais brilhantes que a nossa? As nações ricas liberaram milhões de dólares com radio-telescópios enormes em busca de sinais inteligentes que possam vir do espaço. Seria uma leviandade deles?

Desde a antiguidade que se tem falado de deuses que vieram e voltaram para o infinito em suas máquinas de fogo, como nas descrições do Ezequiel bíblico, o carro de fogo que levou Elias aos céus, por exemplo.

Objetos estranhos têm sido vistos cruzando os céus e muitos relatos de contatos imediatos com OVNIs têm sido publicados. O que há de verdade em tudo isso?

Dois dados importantes catalogados como princípios básicos na doutrina dos espíritos são a *pluralidade dos mundos habitados* e a *transmigração de almas*, tanto de um planeta para outro como de um corpo para outro nos processos de reencarnação. Outra informação importante que os espíritos nos ofereceram é a classificação do nosso planeta como sendo um mundo de expiações e provas, portanto habitado por espíritos imperfeitos e inferiores, cujas mentes criminosas precisam se redimir de suas faltas perante as leis de ordem do universo.

Por causa dessa posição psicológica de seus habitantes, têm vindo para cá hordas inteiras de espíritos endividados com a lei de Deus à procura de recursos renovadores. Muitos vêm de planetas intelectualmente mais adiantados e aqui se sentem vexados e aprisionados. Queremos tratar neste livro desse assunto: a recuperação de grupos enormes de espíritos exclusivistas, orgulhosos e maus que aqui vieram aportar com um único objetivo de aprendizado compulsório sobre o amor de Deus.

Imaginamos um planeta pertencente a uma estrela longínqua de onde vieram muitos espíritos encarnados, em suas naves, e desencarnados que os acompanhavam, descendo num ponto qualquer e se estabelecendo aos poucos, absorvendo os costumes e colaborando para o progresso material dos nativos.

Nesse meio tempo, agem e sofrem, constroem e destroem, desencarnam e reencarnam, numa saga que acaba por mostrar a todos o caminho mais curto para a felicidade, como se as almas fossem diamantes brutos a sofrerem o devido burilamento até que se tornem os brilhantes desejados, maravilhosos, capazes de embelezar as noites mais escuras e encantar os corações mais insensíveis.

Finalmente, gostaria de esclarecer que todos os fenômenos psíquicos citados no texto são possíveis e no final há um glossário e uma bibliografia para os leitores que quiserem se aprofundar mais nos temas propostos. Outrossim, as histórias contidas nos capítulos foram retiradas de casos de varreduras medianímicas atendidos no CIPES.[1] Apenas o contexto geral foi romanceado de acordo com a inspiração do autor, mesmo assim não existe nada na obra que não seja possível de ter acontecido ou que não possa acontecer. O leitor perceberá uma ligação íntima entre a verdadeira magia dos antigos e as forças psíquicas anímicas e medianímicas de hoje. Fica bastante evidente que os casos aqui narrados foram retirados das imagens psíquicas obtidas de vários pacientes e trasladados para os enfermos fictícios a fim de formar uma narrativa coerente. Os nomes foram trocados e o contexto todo é mera ficção.

L. Palhano Jr.
Vitória, 26/08/1999.

---

[1] CIPES, Círculo de Pesquisa Espírita, instituição fundada pelo autor e sediada em Vitória com o objetivo de realizar pesquisas espíritas.

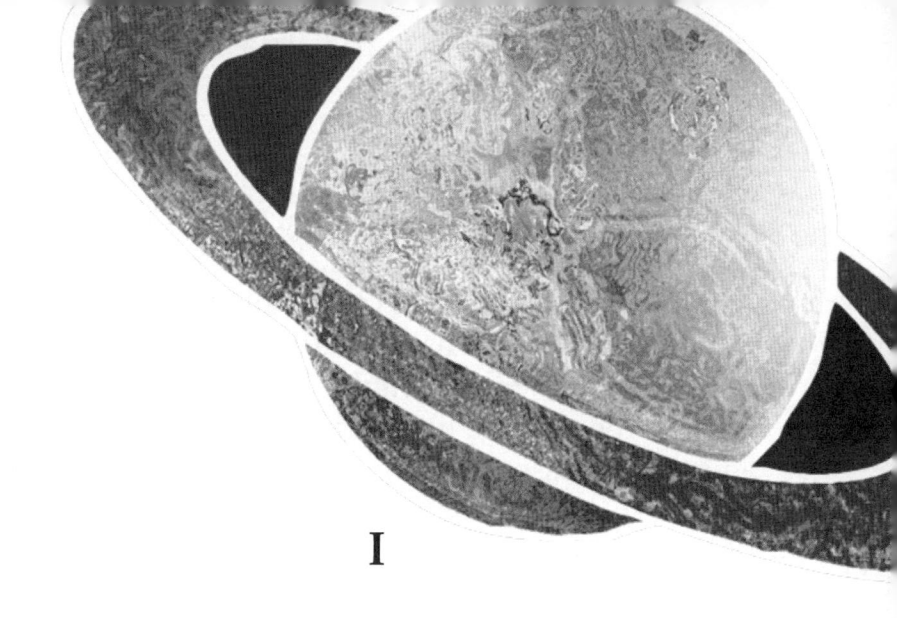

# I

Procurei-a naquela tarde de quinta-feira em seu consultório num dos prédios de importante bairro da capital capixaba. Cheguei pelo menos quinze minutos adiantados, apresentei meu cartão especial de plano de saúde e aquietei-me num sofá confortável. Olhei à minha volta pensativo, será que encontrarei aqui uma saída para os problemas que afetam minha mulher em suas crises de depressão aguda, na qual ela se deixa inexplicavelmente abater mediante a mínima pressão psicológica, às vezes até diante de questões por demais pueris? Disseram-me que a psiquiatra dra. Jônia Amélia Soares Osvaldi trabalhava com métodos avançadíssimos e transcendentais, daí minhas esperanças renovadas. Aguardei a minha vez com paciência.

Fui chamado ao consultório e encontrei uma médica elegante, loura, de olhos azuis como o céu, um tanto senhoril, atraente sem ser propriamente bonita, mas percebi que o seu olhar era vasculhador. Penetrava dentro dos meus olhos como procurando as verdadeiras causas de minha ida ao seu consultório.

– Bom dia – falei-lhe gentil.

– Bom dia – devolveu o cumprimento –, sente-se, dr. Heraldo. Diga-me a causa de sua vinda à minha procura.

– Vim por causa de minha esposa, a Djani. Há algum tempo ela teve um desgosto muito grande com a perda de nosso filho em um desastre de carro e depois disso abateu-se numa depressão que vem se arrastando por uns três anos. Recorri a vários médicos e não encontrei uma melhora satisfatória. Parece que sua mente está presa a alguma coisa desconhecida e a medicina não sabe tirá-la de lá.

– Precisarei ver a paciente. Conseguiria levá-la à minha clínica, onde poderei fazer alguns testes para então prescrever alguns procedimentos.

– Doutora, não adianta. Ela já fez todos os procedimentos convencionais, sem qualquer progresso. Vim até aqui orientado por um amigo, que me disse que a senhora trabalhava com recursos psíquicos ainda desconhecidos da medicina. Temo que, se a deixarmos assim, ela desenvolverá a ideia de suicídio.

– Ah! Sim, claro, entendo agora. Não sei o que vai dizer, mas, nesta clínica, trabalho com os recursos espíritas desenvolvidos por um cientista espírita que nos deixou valiosos estudos sobre os valores psíquicos. Se você quer assim, preencha este formulário, que será transformado num prontuário para que eu possa acompanhar o caso de sua esposa. Mas fica claro que ela precisa também de acompanhamento médico até que consigamos libertá-la de seus devaneios depressivos e afastar todas as influências que estão agindo sobre ela.

– Evidente, sem dúvida.

– Leve-a na Clínica Boa Esperança, nesse endereço, três vezes por semana, às 15h00, para que eu a possa examinar, acompanhá-la e transmitir-lhe energias revigorantes para seu espírito.

Espiritismo – pensei cá comigo –, meu pai era espírita e me ensinou muitas coisas para as quais nunca dei a devida atenção. Agora vejo que vou precisar conhecer melhor ainda essa doutrina.

Quando jovem, por pura curiosidade havia visitado diversas casas de candomblé, ouvindo o rufar dos tambores e vendo as fumaças das pólvoras até altas horas da noite. Para mim aquilo tudo não passava de folclore, muito diferente do que meu pai me ensinava. Ele falava de filosofia pura, dos espíritos, da natureza do mundo espiritual.

Ao chegar em casa, fui à estante de livros e tirei dali velhas edições dos livros de Allan Kardec. Naquele mesmo dia comecei a ler todos eles e comecei a tomar conhecimento da verdadeira doutrina dos espíritos. Vi que, na verdade, eu era espírita, aliás um espírita imperfeito, mas que poderia tornar-me um espírita verdadeiro. Passei toda a semana estudando os livros, fiz comparações, tentando compreender melhor as lições de meu pai.

Na segunda-feira seguinte, minha mulher teve uma melhora repentina a partir das três horas da tarde. Alguém lá de casa telefonou-me, dizendo que ela estava de pé e tentando fazer algum serviço. Na terça-

-feira, levei-a, mais animada, à clínica. Ela foi de boa vontade. Na quinta-feira encontrei-me de novo com a dra. Jônia, que me questionou:

– Percebeu alguma mudança em sua esposa? Às 15h00 da segunda-feira fizemos uma irradiação mental para ela, uma técnica de varredura psíquica que energiza o paciente e o livra de certas influências perniciosas que se alojam na sua mente. Agora é preciso que ela aprenda a manter essas forças em equilíbrio e para isso emitirei orientações que devem ser seguidas.

– O que ela tem, doutora?

– Uma espécie de revolta íntima, sentindo-se incompetente para continuar a vida após ser atingida psicologicamente pela perda de seu filhinho. Não sabendo o que fazer, entregou-se ao desânimo, que só fez crescer em seu íntimo. Com isso, outras mentes, espíritos enfermiços, a encontraram e se alojaram como hóspedes em seu campo mental, aumentando a sua melancolia.

– Que devemos fazer?

– Prescreverei não só um antidepressivo leve, agora que ela melhorou, mas, também, alguns procedimentos para que ela possa ajustar sua mente. Ela deve, todos os dias, antes de se deitar para dormir, ler um trecho do livro *O evangelho segundo o espiritismo,* um pequeno trecho. Depois, meditar na lição lida até que sua mente se calme, se aquiete em paz; aí, então, deve proferir uma prece, pedindo a Deus que seus amigos espirituais, durante o sono, a levem a bons lugares. Fora isso, deve tomar dois passes espíritas por semana, aqui na clínica mesmo, e água fluidificada três vezes ao dia, até sentir-se totalmente curada.

O tempo passou, minha mulher voltou à sua quase normalidade e eu continuei meus estudos espíritas nas horas vagas, mas algo me dizia que eu poderia fazer muito mais com os conhecimentos adquiridos. Minha mulher estava psiquicamente bem mais estável há uns seis meses, quando me encontrei com a dra. Jônia numa festa de aniversário de amigo comum. Perguntei-lhe onde é que eu poderia ser útil aos estudos espíritas e ela me respondeu que o setor espírita da sua clínica estava precisando de colaboradores, principalmente de uma pessoa para cuidar do movimento de secretaria e arquivos. Imediatamente propus-me a ajudar e disse que veria a possibilidade de dispor de alguns de meus horários, umas duas vezes por semana.

Foi quando comecei também a entrar em contato com a aplicação dos recursos espíritas mais adiantados de que havia tido notícias. Interessei-me por tudo e logo desenvolvi percepções medianímicas importantes, participando do grupo de trabalho de apoio à dra. Jônia.

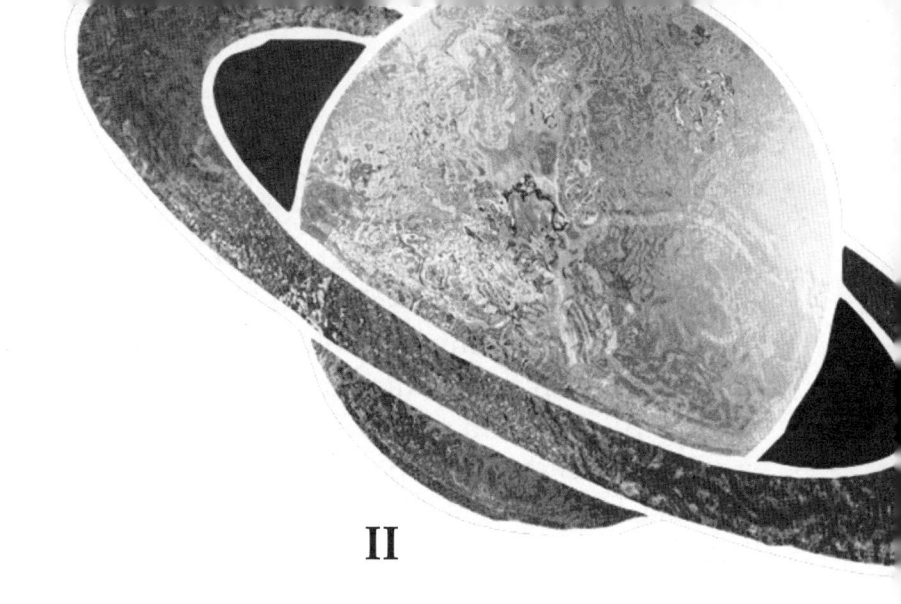

## II

Que sofrimento era esse que eu ainda não sabia explicar? Vamos sofrendo a vida e vencendo os obstáculos até o dia em que nosso corpo não aguenta mais e, fraco, falece sob alguma doença que surge, ninguém sabe de onde. Lembro-me que, antes, tudo era encanto e gozo, satisfação e alegria. Eu e Djani nos conhecemos num *shopping*, jovens ainda. Estávamos sentados no balcão de uma lanchonete chinesa e eu havia pedido "galinha cozida ao molho de tomate" e ela "carne com legumes". Eu olhava o seu prato e fazia um gesto de repulsa com o rosto. Ela percebeu e disse:

– Você não gosta deste prato? É a dieta do momento, com pouco carboidrato, rico em nutrientes...

Eu acabei cometendo uma grosseria com a minha resposta que só de lembrar até hoje me faz corar, mas que acabou se transformando em história folclórica da nossa família:

– Não é isso. Você me desculpe, mas ele está parecendo aquele resto de comida que se juntava depois do almoço para levar ao chiqueiro, quando eu morava no interior.

– Se seus porcos comiam isto, eles realmente eram bem tratados. Está muito saboroso.

Começamos a conversar sobre outras coisas e acabamos por marcar um encontro para o outro dia, um sábado. Ali começou o namoro. Foi como se nós dois já nos conhecêssemos e, por um 'acaso', nos encontramos. Ela, bonita, loura, olhos azuis, pele branca muito lisa, nariz correto e proporcional, os lábios bem feitos e convidativos, seu corpo magro e bem feito, sem exageros, um pouco mais baixa do que eu. Era tudo que eu sonhara e ela estava ali na minha frente. Muitas namoradas eu tive, como acontece normalmente com a rapaziada, mas, por incrível que pareça, havia uma empatia muito grande entre mim e Djani. Não era uma paixão desconsertante, mas estávamos apaixonados quase à primeira vista, queríamos estar juntos sempre e, quando conseguíamos, a felicidade nem nos deixava ver o tempo passar.

Não precisou de muitos meses de entendimento para que o nosso casamento fosse marcado, pois ela estava terminando a faculdade de comunicação e eu, formado em medicina, havia me tornado um psiquiatra por especialidade. O nosso casamento nos uniu de maneira que nos completávamos perfeitamente. Compramos um terreno num bairro bem frequentado e começamos a construir nossa casa à nossa maneira. Era como se já soubéssemos o que queríamos. Eu parecia ser um experimentado construtor de obras, com opiniões certeiras sobre as disposições dos cômodos, das paredes, dos alinhamentos, dos encanamentos e das tomadas elétricas.

Nesse meio tempo, nasceu o nosso primeiro filho, um garotinho louro, o nosso Djalminha. A nossa casa estava praticamente pronta quando ele nasceu. Eu nem acreditava em tanta felicidade. Poderia existir tal felicidade no mundo? O tempo passou, eu e Djani discutíamos algumas vezes apenas sobre temas que não eram importantes para o nosso relacionamento. Era como se fôssemos companheiros de caminhada. Veio a nossa filha Júnia, linda, que encheu nossas horas de alegria. Mas ainda sentíamos que faltava alguma coisa, talvez um terceiro filho. Dois anos depois, nasceu o nosso caçula, Edvaldo, de uma gravidez difícil e trabalhosa. O parto foi muito dificultado, quase trazendo sérias consequências, tanto para a mãe quanto para a criança.

Mas a vida continuou e, quando as crianças alcançaram a idade escolar, optamos pelo campismo nos períodos de férias. Tanto Djani quanto eu já gostávamos de acampar, mas havíamos parado por causa das crianças, entretanto já era hora de recomeçar nossas viagens pelas estradas do Brasil, acampando, conhecendo outras gentes, outras pessoas, vivendo sob as árvores, nas montanhas, nas praias, diante da natureza. Gostávamos da natureza e queríamos muito viver, usufruindo as águas do mar, dos rios e das cachoeiras.

Viajamos por todos os cantos, puxando a nossa carreta-barraca, um sistema muito prático para acampar. Não é tão complicado quanto a manutenção de *trailers* ou tão trabalhosa quanto a montagem de uma barraca grande para cinco pessoas. Era de fácil instalação. Viajamos mais pelo litoral em passeios diversos. Saíamos do Rio e tomávamos o rumo norte ou sul, dependendo dos planejamentos de viagem e o tempo de férias que tínhamos. Fomos até Fortaleza, Maceió, Salvador, Porto Seguro, Caravelas, Prado, Vitória, Guarapari, Cabo Frio, Muri, das vezes que fomos para o norte. Para o sul, visitamos Itatiaia, Clube dos Quinhentos, Atibaia, São Paulo, Curitiba, Vila Velha, Morretes, Lagoa Dourada, Paranaguá, Joinville, vale do Itajaí, Camboriú, Blumenau, Torres, Porto Alegre, São Leopoldo, Canelas, Bento Gonçalves, Garibaldi, Gramado, Caxias do Sul, Lages...

Devo anotar uma sensação estranha que tive numa das nossas últimas viagens. Estávamos passeando em Canelas, nas montanhas do Rio Grande do Sul e, a caminho do *camping*, as crianças viram anúncio afixado: "A árvore mais velha do Brasil". Parei o carro na beira da estrada e entramos no caminho indicado no meio da mata. Andamos algum tempo e, de repente, surgiu à nossa frente um tronco imenso, de grande largura e, ao olharmos para cima, não divisávamos o seu topo. Era uma araucária de setecentos anos de idade. Ao aproximar-me da árvore, senti uma sensação muito ruim, uma nuvem de tristeza, algo mórbido veio-me à mente. Olhei para Djani e percebi que ela se controlava; sentia algo também. Só tempos mais tarde é que fiquei sabendo o porque da nossa reação diante da árvore, que representava para nós o carvalho sagrado do druidas e os sacrifícios humanos. Faz parte desta história que estou contando.

Passados alguns meses, empreendemos nova excursão pelo Brasil e, num determinado momento, tudo desabou sobre nós. Numa viagem para Cabo

Frio, passando pela estrada de Rio Bonito, BR 101, houve um desastre – um carro, em alta velocidade e meio desgovernado, veio contra o nosso. No choque, nosso carro capotou, já meio destruído. As rodas viradas para cima, o teto amassado, a traseira destruída. Saí do carro cambaleante e ofegante, com a respiração em ritmo acelerado; retirei Djani e, depois, as crianças, mas, quando fui resgatar Edvaldo, que estava com cinco anos de idade, ele estava preso nas ferragens e com uma ponta de lataria cravada no peito à guisa de um punhal certeiro no coração.

Ali as coisas mudaram. Uma tristeza imensa abateu-se sobre nós. De minha parte fui superando com o tempo, mas Djani volta e meia deixava-se abater sob uma estranha forma de depressão, numa melancolia paralisante. Eu mesmo comecei a tratá-la com os recursos da minha medicina, sem, entretanto, obter êxito. Outro médico, meu amigo, aconselhou-me que a levasse a outro especialista, pois eu estava muito envolvido emocionalmente. Levei-a a um colega, e depois a outro, e outro. Os recursos médicos mostravam-se ineficazes e a terapia parecia não conseguir atingir o âmago da tristeza em Djani.

Que fazer, meu Deus? Com todo o meu conhecimento de psiquiatria, não conseguia aquietar a alma de minha própria esposa. Que castigo é esse? Onde estás, Senhor, que permites tanto horror?

Estava nesse estado mental quando ouvi, nitidamente, a voz de meu falecido pai:

– Onde você guardou todo o conhecimento espírita que te dei?

Aquela voz inacreditável acalmou-me, mas fiquei cismarento, relembrando com que má vontade ouvia os conselhos e leituras de meu pai, numa reunião que costumava chamar de estudo do *Evangelho* em família.

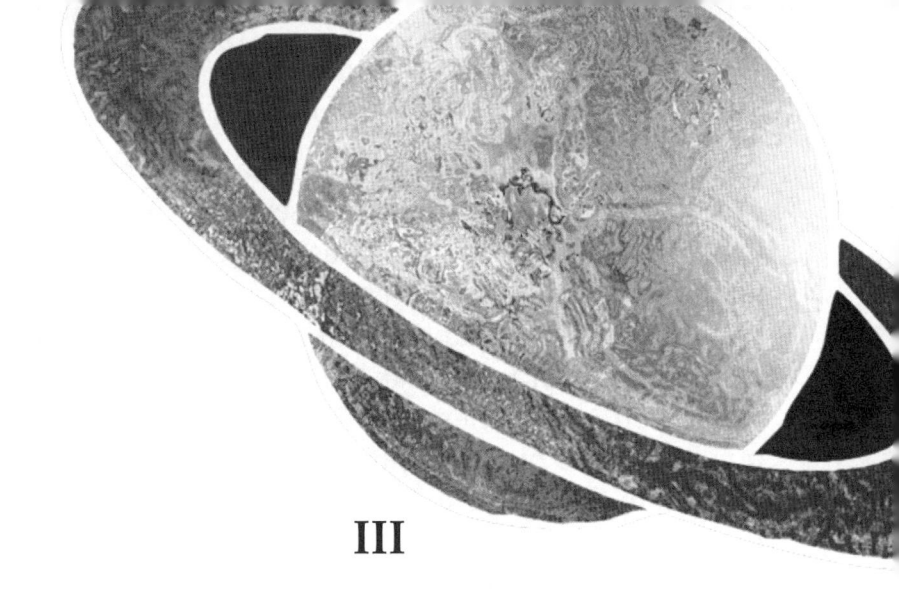

# III

Na noite do desastre, nos momentos em que consegui dormir, tive pesadelos horríveis: sombras densas desciam sobre mim; eu caía num poço profundo e, de vez em quando, ficava agarrado em galhos e via cenas terríveis, até que parei de cair e me vi numa região inóspita, onde, no entanto, tudo me parecia familiar – as matas, os tipos de pedras, as formações rochosas trabalhadas pelo homem, ora deitadas, ora de pé. No fim do caminho, vi uma multidão da qual me aproximei. As pessoas estavam vestidas com roupas rústicas e estavam em volta de um grande carvalho. Penetrei a multidão e observei que, sob o carvalho, havia um altar de pedras. Duas pedras fincadas no chão e uma lápide sobre elas. Era um altar de sacrifícios. Sobre o altar estava um jovem deitado e ao redor havia quatro pessoas: um homem e uma mulher sentados, eram os senhores daquela tribo, um senhor próximo ao altar, parecendo ser o sumo sacerdote, e um jovem sacerdote, talvez aprendiz.

Eles iam sacrificar o jovem deitado sobre o altar. O sumo sacerdote fazia um discurso e uma prece, evocando seres invisíveis... Mas prestei bem atenção: aquele sacerdote era eu e estava ordenando ao jovem que arremetesse o punhal certeiro no peito da vítima do sacrifício para arrancar-lhe o coração... mas o jovem sacerdote era meu filho Edvaldo. Horrorizado, eu o vi levantar o punhal e pulei sobre ele para impedi--lo, tentando segurar sua mão. Tudo em vão, o punhal desceu certeiro. Horror dos horrores, minha mente entrou em turbilhão e acordei transpirando e arfante, como se estivesse entendendo tudo o que havia ocorrido com Edvaldo, tendo eu mesmo presenciado o seu ferimento no peito. Sentia que minha Djani era aquela rainha que parecia adorar o sacrifício e se escudava em meus poderes de sacerdote para conseguir perpetrar seus desmandos e crimes, até mesmo escolhendo quem seria a vítima. Djalminha era o rei indiferente. Só não consegui divisar quem era Júnia, apenas mais tarde consegui saber porque ela estava junto na tragédia. Soube que ela, bem posteriormente, havia participado de outro crime semelhante, quando, junto aos meus desmandos, aquiesceu; agora estava apenas participando do golpe do destino, mas que já não sofreria grandes problemas psicológicos. Fui saindo daquele transe terrível vendo o sacerdote enfiar a mão no peito aberto do jovem sacrificado e retirar o coração ainda pulsante, erguê-lo como a um troféu, apontando-o para o alto. Figuras horrorosas dos deuses (espíritos sugadores de fluidos vitais) surgiram e o coração sumiu das mãos do sacerdote... Brumas de um passado que parecia perdido, mas que continuava a existir em meu presente.

Tudo isso passava de relance em minha mente, como que me dando compreensão de tudo... e aquilo nunca havia acontecido comigo. Só mais tarde, após os estudos espíritas, é que vim a saber que eu havia sofrido um choque psíquico que abrira os canais de minha mente para o passado turbulento. Somente uma coisa me consolou: logo após o pesadelo, recostei-me novamente no espaldar da cama numa nova tentativa de descansar, quando vi surgir na penumbra do quarto um espectro, primeiro irreconhecível, depois, aproximando-se, vi que era Edvaldo. Senti todas as sensações do corpo morrendo e eu mesmo parecia morrer, fui ficando catatônico e meus lábios se engrossaram, mas a sombra de Edvaldo, ainda parecendo um tanto cadavérica, sorriu e me disse: – Agora, tudo está bem, papai!... e desvaneceu na mesma penumbra em que veio.

Desde aquele dia, comecei a sentir sensações estranhas, premonições e, de alguma maneira, passei a perceber a natureza íntima da mente das pessoas. Entretanto, outras preocupações tomavam conta da minha mente, principalmente o estado mental de Djani e suas melancolias. Ela parecia não querer lembrar de um passado tétrico que eu bem entendia o que poderia ser. Ela não sabia como lidar com aquilo e se sentia incompetente para vencer aquelas forças estranhas que pareciam vir do nada. Revoltava-se e depois entrava em novo estado de tristeza.

Os outros colegas, consultados, não sabiam o que fazer, a não ser receitar drogas antidepressivas que acabavam por deixá-la mais apática e quieta. Haveria de ter solução em algum lugar. Eu praticamente sabia as causas de tudo aquilo, mesmo sem querer acreditar, mas como fazer para neutralizar as sombras que emergiam do passado?

Enquanto isso, lá se ia toda a nossa felicidade. Nossos momentos de alegria, nossos folguedos, nossas viagens, nosso campismo, nossa vida em meio aos campos, às florestas, à borda dos rios e mares. O mundo desmoronava-se à nossa frente. Continuei o meu trabalho normalmente, mas na volta para casa pressentia que encontraria somente tristeza. Fui levando a vida assim, tomando cuidado para não deixar que Djalminha e Júnia sofressem mais e nem entrassem em depressão também. Procurava sempre uma saída. Na verdade, não sabia o que fazer, até que encontrei a dra. Jônia.

Compreendi melhor as ocorrências psíquicas que levam aos estados depressivos da mente e aprendi que a história não terminava por aí. Havia muito ainda que resgatar das peripécias criminosas do passado, inclusive na recuperação de cúmplices e inimigos antigos, encarnados e desencarnados, uns na forma de doentes mentais, outros na qualidade de espíritos obsessores tenazes que se impunham às suas pretensas vítimas. À medida que fui avançando nos trabalhos psíquicos, os canais abertos em minha mente pelo choque psíquico foram sendo canalizados para o serviço cristão e o desenvolvimento medianímico veio normalmente, potencializado pelos recursos do campo psíquico formado pelo grupo mediúnico da clínica, dirigido pela dra. Jônia. Caso contrário, eu também acabaria enlouquecendo, pois que meus inimigos espirituais acabariam me encontrando, inexoravelmente, para se aproveitarem da minha debilidade.

Para que ocorressem todos esses fatos dentro de uma justiça lógica, era preciso que houvesse de fato uma sequência de encarnações, e eu já tinha ouvido falar disso, pois que todos os órgãos de comunicação existentes, até mesmo filmes, revistas e televisão tocam no assunto. Onde poderia encontrar a fonte mais segura para as explicações necessárias? Foi a partir das orientações da dra. Jônia, da leitura dos livros de Allan Kardec e das lembranças dos ensinamentos de papai que pude compreender tudo.

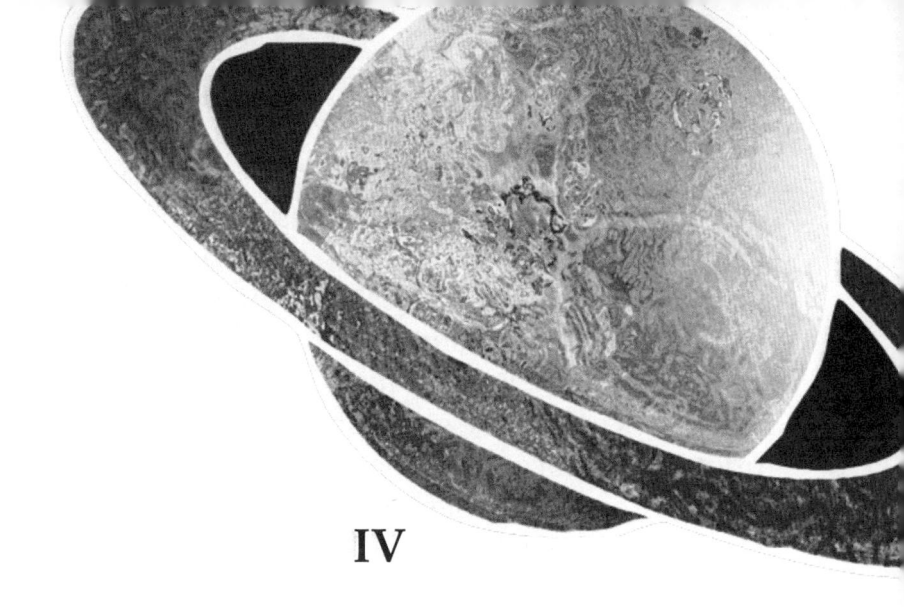

# IV

Comecei a tomar conta da secretaria do setor espírita da Clínica Boa Esperança e verifiquei logo em seguida que havia a mais completa ordem na papelada de arquivo. Os prontuários eram arquivados em pastas personalizadas e as reuniões possuíam pastas próprias separadas por mês e ano. Todas as reuniões eram gravadas e existia uma digitadora, uma mocinha, cuja função era apenas digitar as gravações no microcomputador e depois tirar uma cópia para acrescentar ao dossiê da reunião na pasta de arquivo.

Os prontuários eram adaptados às questões espíritas para que o acompanhamento medianímico fosse realizado à parte do acompanhamento médico. Com tal organização era muito mais fácil supervisionar cada caso, bem como observar a evolução do potencial da reunião e a evolução de cada médium.

O que se realizava era uma espécie de vasculhamento psíquico dos portadores daqueles nomes que eram colocados diante dos médiuns. Para alguns, conforme o caso, eram realizadas preces de socorro, para outros, principalmente os doentes com problemas orgânicos, eram feitas irradiações anímicas, mas, para os doentes da alma ou de afecções mentais, eram realizadas irradiações medianímicas.

Isso equivale a dizer que o paciente era colocado diante dos médiuns e sofria uma verdadeira varredura psíquica, anímica ou medianímica. Sua alma era desnudada e os seus problemas – passados, presentes e futuros – eram visualizados pelos médiuns, cada um em seu nível de alcance, nas suas possibilidades psíquicas.[2]

Depois de algum tempo que eu estava ali, dando conta de meu trabalho, a dra. Jônia, mandou me chamar e perguntou se por acaso eu não gostaria de participar dos trabalhos práticos, pelo menos por algum tempo para que pudesse aprender mais sobre o espiritismo aplicado. Sabia-me muito interessado nos estudos espíritas.

– Claro que sim – respondi-lhe. – Para mim será uma honra que até não mereço.

Comecei a frequentar o grupo de trabalhos práticos, que não só atendia os casos da clínica, mas solicitações vindas de todo o Brasil e de outros países, pois os livros da doutora já tinham alcançado outras fronteiras.

Certo dia, fazendo a minha função de arquivista na secretaria, catalogando os resultados das reuniões, para que tudo ficasse pronto e à hora, dei com um dos-

---

[2] A metodologia de trabalho dessas reuniões encontra-se descrita em detalhes na obra *Transe e mediunidade*, com suas aplicações terapêuticas analisadas nas demais obras que compõem a coleção de mesmo nome, publicadas pelo Instituto Lachâtre.

siê que tinha o meu nome, bem no alto da pasta: "Heraldo Lemos Denizart Ramos". A minha curiosidade foi maior que a minha discrição. Estava sozinho e comecei a ler as percepções. A questão maior era a de saber quem eu era e porque estava ali, pois ninguém está onde não deveria. Eram oito médiuns, todos perceberam algo sobre mim. Era como se peças de um quebra-cabeças fossem sendo montadas e no final havia um laudo da doutora

A primeira anotação dizia:

> Alma velha, vem rebuscando os escaninhos do psiquismo humano há muitos séculos. Vejo-o no antigo Egito, nas velhas dinastias. Não o vejo como um mandatário, mas como alguém que aconselhava os reis. Era uma espécie de sacerdote que dominava a arte do magnetismo, da hipnose e da narcose. Examinava as vítimas e as pessoas em suas intimidades psíquicas para descobrir suas verdadeiras intenções. Não podiam ter ideias contra os reis e nem contra os príncipes.

Em seguida pude ler, no segundo registro:

> Vejo que ele trouxe esses recursos de outro mundo distante, de onde foi expulso, melhor dizendo, exilado. Por muitos anos participou de grupos de iniciados que detinham poderes de vida e morte, pois vasculhavam o passado, o presente e o futuro de suas vítimas. Eram bons e serviçais para os que caíam em suas boas graças. Com o tempo, passaram

a decidir quem reinava ou não sobre o Egito. Em muitas encarnações experimentou essa posição; seu espírito era fértil, tenaz e maquiavélico.

## O terceiro, por sua vez, consignava:

Sua esposa foi uma de suas vítimas e depois colaboradora. Ele a dominou mentalmente, tirando-a de seu marido por fascinação para ficar com ela, pois era muito bela em certa época. Foi aí que ela começou a desestruturar-se e manter-se enfraquecida, abalando-se de modo depressivo. Hoje ela já conseguiu encontrar ajuda. Isso aconteceu com ela porque em tempos remotos ela também, embora mais fraca que ele, participava desses processos de domínio mental. Isso foi há muito tempo... muito tempo. Vejo-o agora nas Gálias antigas, muito antigas, antes dos romanos chegarem lá. Era sacerdote, praticamente dirigia o povo, pois com suas percepções espirituais instruía os chefes. Criou muitas leis religiosas, lendas, superstições. O povo acreditava nele.

## A quarta anotação registrava:

Esteve entre os adoradores de Baal dos fenícios de Cartago; depois, como prisioneiro, em Roma, e faleceu ali, renascendo na própria Roma, sempre ligado aos sacerdotes mais cotados. Discutia com eles e muitas vezes os superava em conhecimento e em visões. Nesse tempo havia muita impiedade nele ainda. Mas, numa viagem de estudo, quando teve contato com o Nazareno, o qual chamava de O Profeta da Verdade, algo mudou nele. Começou a repensar os seus objetivos de vida. A sua alma antiga lhe dizia que precisava buscar algo mais que o simples poder pelo poder. Reviu muita coisa. Leu as escrituras dos hebreus e as comparou com as anotações do apóstolo Mateus. Esteve várias vezes discutindo com o apóstolo Paulo. Mas, mesmo assim, não chegou a tomar uma posição diante do *Evangelho*.

Entre atônito e curioso, prossegui naquela leitura, lendo o registro seguinte:

Vejo Mesmer na minha frente. É Mesmer, o mestre do magnetismo animal. Heraldo esteve lá com ele. Foi discípulo dele, participou muito. Nessa época já usava o magnetismo para o bem. Observou tudo o que pôde; muitas coisas fez por intuição e dava certo. Muitas e muitas pessoas ficavam curadas com seus métodos de magnetizar.

A sexta anotação:

No mundo espiritual, logo depois de suas experiências com o mesmerismo, ajudou no surgimento do magnetismo espiritual, quando o sonambulismo ficou bem evidente e os espíritos começaram a falar pelos sonâmbulos, bem no final do primeiro quarto do século passado. Recuperou-se de muitas de suas torpezas quando usava o magnetismo para fascinar e dominar.

No sétimo registro, ainda pude ler:

> Vejo-o buscar uma saída para a explicação das ideias religiosas sem mitologia e encontrá-la na leitura dos arquivos de Allan Kardec. Os nossos trabalhos o atraíram até nós e ele, embora não tenha consciência disso, encontrará o que procura aqui, mas terá que se preparar muito para que suas percepções voltem. Ele perdeu quase todas, pois as usou muito mal. Sua chance é aqui. Sua esposa o seguiu nas más tendências.

E a oitava anotação:

> Caso ele se dedique a esta nossa tarefa com perseverança, todo o programa que traçou no mundo espiritual para a precursão da medicina psiquiatra futura será cumprido. Hoje, como médico psiquiatra, pode entender muitas coisas se aliar seus conhecimentos atuais aos que for adquirindo aqui, e sua colaboração será de grande valor.

Outra anotação dizia que a entidade instrutora do grupo assumiu a palavra psicofônica pela boca da dra. Jônia e disse:

– Convidemos nosso amigo Heraldo para participar das tarefas e aguardemos. Se aceitar e perseverar, terá a sua oportunidade como todos nós."

Depois, vinha o laudo da dra. Jônia, fazendo uma espécie de resumo, indicando futuros procedimentos.

Depois de ler todo o prontuário, pensei cá comigo:

– Amo tanto a minha mulher, minha meiga Djani, e vendo-a abatida só faz doer meu peito. Sei agora que eu mesmo fui o culpado de seu estado atual, fácil de se deprimir. Talvez, estudando mais profundamente as questões do espírito, possa chegar às raízes primeiras e neutralizar todas essas desditas que nos atinge de modo incontrolável e aparentemente sem recursos. Aproveitarei a boa fase para dedicar-me mais aos assuntos do espiritismo.

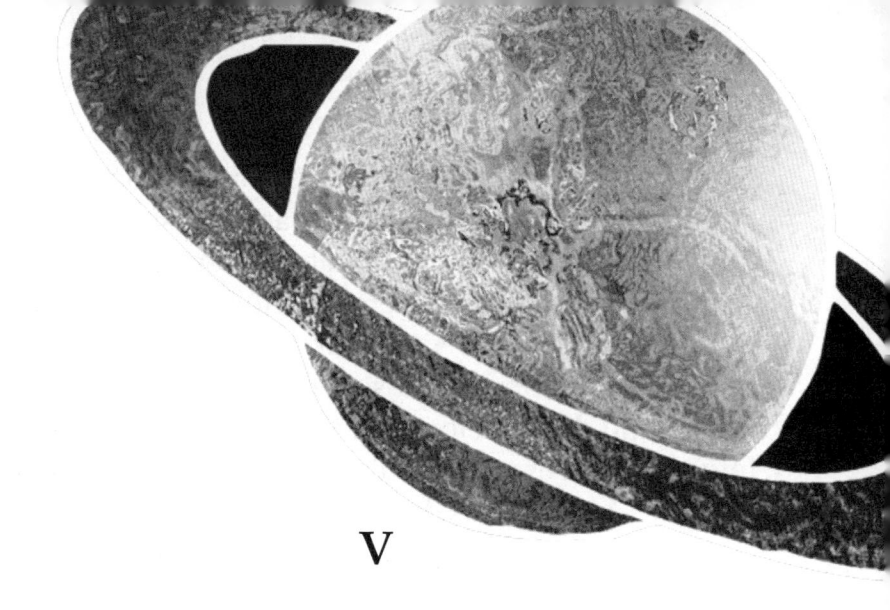

# V

Aos poucos, minhas capacidades psíquicas foram aflorando e comecei a demonstrar percepções elucidativas depois de um ano em que minhas faculdades medianímicas foram de certo modo potencializadas pelos dedicados servidores anônimos daquele grupo formado pela dra. Jônia. O objetivo primordial do grupo era o vasculhamento psíquico.

Os procedimentos básicos eram os que os espíritas costumam fazer. Uma leitura de cunho moral e esclarecedor para que todos pudessem meditar. Geralmente a página de *O evangelho segundo o espiritismo* era aberta ao aparente acaso, e normalmente o assunto estava ligado ao interesse geral da sessão. Depois, era feita uma prece inicial, quando se pedia a proteção de Deus, do espírito Verdade e a presença dos espíritos superiores, dos médicos espirituais, dos enfermeiros, dos pesquisadores e para que fossem auxiliados os enfermos encarnados e desencarnados. Havia um momento da prece em que era pedido a formação do nosso campo psíquico conjunto, que todas as nossas mentes se unissem num bloco único de pensamento e que os espíritos participassem conosco. Com a permissão de Deus, os trabalhos eram iniciados.

Todos praticamente percebíamos, a cada momento da prece, as luzes vindas do Alto, os espíritos trabalhadores aproximando-se de nós e dos enfermos, e um campo de força formava-se: uma vez era uma luz intensa, outra era um círculo de luz que unia as nossas cabeças – as barreiras de proteção espiritual.

Com o campo psíquico formado, a energia de um era a de todos, e isso favorecia que cada um automaticamente potencializasse o outro. Por exemplo: se alguém era desenvolvido numa categoria medianímica, potencializava o outro que apenas dela possuía o gérmen. Muitas vezes todos captavam o mesmo pensamento, a mesma orientação, possibilitando a confirmação das ocorrências no ambiente ou com os pacientes.

No início, como soube depois, eles colocavam o paciente numa cadeira ou leito, permaneciam ao lado dele, entravam em transe anímico e penetravam profundamente no psiquismo do enfermo. Outra técnica era aquela em que um dos médiuns permanecia aplicando o passe no paciente e todas as outras mentes de seus companheiros centralizavam nele suas potencialidades, até que observaram que as percepções prescindiam dessa presença do passista isolado, pois que cada um acabava por receber, por si mesmo, todas as informações que alcançavam segundo o seu nível de percepção.

Acontecia, às vezes, que o paciente, mesmo aparentemente inconsciente, não consentia em ser vasculhado psiquicamente, como que fazendo uma barreira psíquica, uma espécie de *interceptação psíquica* que só conseguíamos ultrapassar depois de solicitar ajuda aos amigos espirituais pela prece, dizendo que nossa ação era para ajudar ao doente e à família.

O aprendizado foi longo e perseverante. Durante todo um ano mantive-me vigilante e assíduo, pressentindo que estava diante de uma atividade de suma importância para o entendimento do sofrimento humano. Sobre essa questão da vigilância, ela é primordial para quem queira trabalhar com as forças psíquicas. Mas como vigiar e o que vigiar? Um dos perigos é a invasão de nossa mente por infestações psíquicas contrárias aos valores do bem, principalmente vindo dos espíritos obsessores que acicatavam os doentes.

Dra. Jônia perdeu, vamos assim dizer, muito tempo comigo, ensinando-me a meditar, orar e vigiar. Dizia-me sempre que era preciso antes de tudo manter a mente calma e viver em quietude, com confiança completa na Providência. Receitou-me que, de início, todas as noites, de modo isolado e tranquilo, eu lesse um trecho do *Evangelho* com bastante atenção. Procurasse entender, depois meditasse no significado da leitura até que minha mente estivesse calma e suficientemente sob o meu completo controle, deixando de atender todos os pensamentos que não interessavam, procurando separar quais os meus verdadeiros pensamentos dos que vinham de fora. Todos os médiuns deviam meditar para o autoconhecimento. Depois que a calma estivesse bem estabelecida, aí então deveria proferir a minha prece, que neste caso ganha muito mais força que a prece comum feita sem preparo mental.

A vigilância completa vem com o tempo de treinamento, pois que todos os pensamentos que nos são estranhos são logo detectados e neutralizados. O treinamento foi árduo, no sentido da perseverança e dedicação, na postura mental e na disciplina da prece. Mas, em pouco tempo, também comecei sentir a mesma paz que sentia nos membros do grupo e pude participar com mais consciência das tarefas, defender-me mais das investidas dos habitantes das trevas que assediavam os pacientes.

Por essa época, a dra. Jônia começou a chamar-me para participar de casos mais complexos, os chamados pela medicina atual de *esquizofrenia*, em suas diversas variedades. Antes, participava de numerosos casos de *depressão*, em que as pessoas eram mais facilmente recuperáveis. Depois, para alguns casos de *psicose*, mais difíceis, mas que muitos pacientes acabavam por aderir às instruções e permaneciam medicados apenas com as doses de manutenção.

– Mas, agora – disse-me a doutora –, você vai redobrar a vigilância, pois verá a verdadeira loucura, os estados esquizofrênicos da mente, quando não temos apenas o paciente a controlar, mas também os familiares dele. Estou muito interessada em trabalhar com esse assunto, utilizando os recursos psíquicos, e a sua percepção muito ajudará para esclarecer os fundamentos psíquicos que desencadearam a loucura propriamente dita nesses pacientes. Existem nuanças que devem ser desvendadas.

Dra. Jônia estava com umas cinco fichas nas mãos e queria decidir qual dos pacientes seria o primeiro a ser estudado, aquele que poderia ser mais útil para o aprendizado do grupo, para que este se tornasse mais útil no atendimento aos outros casos. Quando ela estava esclarecendo isso, percebi que a terceira ficha brilhou de modo diferente em suas mãos e lhe disse:

– Separe a terceira ficha da sua esquerda para a direita.

– Sim, entendi, também percebi algo. Trata-se do jovem esquizofrênico Eduardo Lacorte Guimarães. É um caso de difícil acesso, talvez difícil demais para nós neste momento. Não responde a nada, não reage e nem aceita aproximação nenhuma. Seus pais são reféns dele dentro da própria casa.

– Uma voz está aqui dizendo para mim – apressei-me em dizer – que *não existem casos difíceis para Deus, pois ele tem recursos para educar a todos nós, por mais duros de coração que sejamos.*

– Claro, claro. Mesmo que não consigamos a cura completa, pelo menos conseguiremos encaminhar os familiares a uma vida mais calma. E como você mesmo está percebendo, a mediunidade caminha junto de nós, transcendendo, cabendo a cada um dar-lhe a direção e utilidade correta, como agora aconteceu de você ouvir a voz de nosso instrutor, o espírito dr. Benedito Menezes.

Dra. Jônia, lendo a ficha do jovem esquizofrênico, disse, quase pensando consigo mesma:

– Olha só, esses familiares devem ter sofrido muito até procurarem uma clínica espírita: o pai é o seu Wellington, a mãe, dona Ana Carolina, e mais dois filhos, além do nosso paciente: um irmão, Eduardo, e uma irmã, Ruth. Essa família precisa de muita paz e firmeza na fé para suportar tal problema – disse quase que profeticamente.

Resolvemos que atenderíamos de modo especial aquele caso do jovem Guimarães. Levaríamos o caso ao grupo, além da assistência médica da dra. Jônia, que acompanharia o caso de perto. O jovem estava internado na clínica, depois de permanecer por vários anos insulado em seu próprio quarto, fazendo chantagens e se aproveitando dos pais como se fossem seus subalternos.

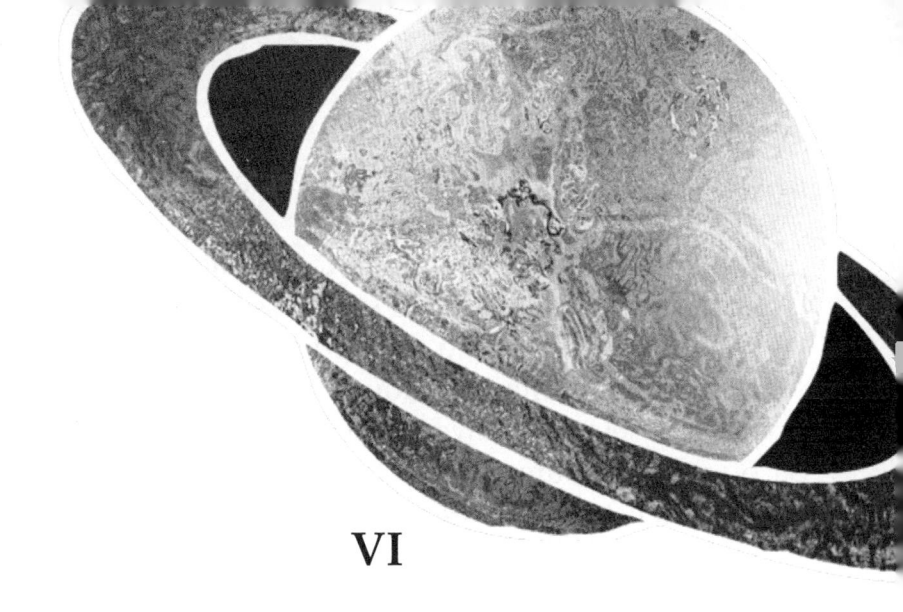

# VI

O caso do jovem Guimarães foi levado à reunião experimental do grupo e, logo que seu nome foi exposto, por três minutos ficamos mentalizando-o, numa espécie de irradiação mental, vasculhamento psíquico que chamamos de *varredura anímica*. A médium, dona Divani Martins Carloni, a quem carinhosamente tratávamos apenas por Divani, pediu a palavra e disse:

– Vejo que esse moço veio de longe, trazendo seus problemas, acumulando crimes e alguns de nós estamos envolvidos em suas tramas, por isso ele veio para esta clínica, como se o destino, sob o comando divino, o encaminhasse para cá. Estamos em tarefa de resgate, não só dele, mas nosso também. Nada acontece por acaso, prestemos bastante atenção nisso.

Essas palavras chamaram a atenção de todos e nos preocupamos em fazer o melhor. De minha parte, sabia que eu estava envolvido nessa história até às 'raízes do cabelo', como costuma dizer o vulgo. Senti imediatamente uma espécie de repugnância e de antipatia, que procurei debelar da mente, dentro do processo de vigilância exigido.

Nessa primeira reunião, toda uma trama antiga começou a desvendar-se sob nossos olhos, ao poucos, por partes, como se se tratasse de uma novela. Cada um dos médiuns foi percebendo certas nuanças que se completavam ou confirmavam a visão dos outros. Queríamos chegar nas causas iniciais de tamanho estado de loucura a que um indivíduo conseguia chegar: bater no próprio pai, machucar a mãe com crueldade e tentar matar o próprio irmão, além do insulamento voluntário em longas horas sem se alimentar, conversando com fantasmas invisíveis, além das crises de catatonia.

Dona Maria Genara Fraga Jardim, nossa querida dona Maria, adiantou-se no microfone para gravar o que estava percebendo e disse, com os olhos fechados, mas demonstrando grande apreensão no semblante contraído:

– Observem! Olhem o que vejo! Não posso acreditar! Uma nave enorme deixando um planeta... É de uma região longínqua do espaço... A nave está cheia de gente, é uma gente estranha, pele muito branca, olhos claros, azuis, uns baixos, outros altos, magros gordos, homens e mulheres... Lamentam entre si, como se estivessem sendo obrigados a essa viagem... ou como se houvesse uma grande expectativa por parte deles. Eu me sinto envolvida com esse grupo alienígena.

Dona Divani acrescentou:

– Veio um nome na minha cabeça, um nome que se repete: Antares... Antares... Eles estão vindo das proximidades de Antares...

– Sim, sim, – continuou dona Maria – Vêm de longe. Da constelação do Escorpião. A vibração deles não é boa. São muitos... Existe um comandante, um indivíduo mau, controlador, têm servos e escravas... Percebo mais: parece que uma nuvem de espíritos inferiores os acompanham – não estão sós como parece – são milhares de espíritos, uns enraivecidos, outros magoados, outros prisioneiros... Trata-se da escória da região deles. Vem a nave carregada de 'encarnados' acompanhados por uma turba espiritual enraivecida. Não querem sair de lá. Foram obrigados.

O médium Waldomiro de Jesus Vidigal, seu Waldomiro, homem sério, médium dedicado, disse:

– Eles não têm controle sobre a nave. Estão monitorados, com direção certa, mas pensam que têm... Não descobriram ainda que estão sendo expulsos. Acham que têm uma tarefa de conquista e colonização num planeta distante. Estou vendo essas cenas desde o início, antes de descobrirem que estavam sendo exilados.

Dona Maria Genara retomou a palavra:

– Afastam-se cada vez mais. Vejo tudo de modo rápido. Afastam-se, um som estranho é ligado... um zunido... Ficam espantados e os que estão à frente do visor dianteiro vêm um grande vórtice se abrir diante deles, como um diafragma de máquina fotográfica... Abre-se um túnel... Entram pelo túnel com grande velocidade. Sinto-me zonza, rodopio, é um frenesi... Oh! Luzes, uma luz branca clareia tudo... Uma enorme estrela... A nave se afasta da estrela e vejo à frente um planeta... azul... é a Terra. Desce e vai devagar, como se soubesse onde parar. Vejo o contorno dos continentes... É uma idade muito antiga... Há enormes montanhas à frente, vulcões, neve...

Seu Waldomiro exclamou:

– Desceram nos Andes. Estão espantados, sem saber porque estão ali... Não esperavam por isso. Estavam num mundo agreste, embora bonito.

Foi quando as cenas começaram a surgir-me em minha mente. Eu estava lá. Sempre ao lado desse terrível chefe citado. Eu era uma espécie de sacerdote que lhe dava conselhos com minhas percepções sobre as ocorrências e perigos. Gostava daquilo. Era também impiedoso quando queria destruir alguém.

Dona Maria Genara continuou:

– A nave parou e abriu-se uma grande porta. Eles podiam respirar. A atmosfera lhes era propícia, mas suas peles precisavam de mais proteção para o calor e para o frio. Não conseguiam fazer com que a nave tornasse a funcionar. Utilizaram o material da própria nave para construir seus abrigos e roupas mais seguras. Ainda possuíam instrumentos capazes de manipular a matéria do novo mundo em que estavam. Foram se assenhoreando da região e dominando os nativos, escravizando-os; eram conquistadores. Fizeram sinais nos montes e planaltos mais altos. Tudo em vão, estavam exilados. Começaram o domínio de toda a região, e os anos foram passando. Construíram um império. Muitos emigraram para outros locais, uns na caminhada, outros por barcos construídos com o material da própria região.

Na posição de um visionário, de olhos bem abertos, comecei a falar. Eu era uma testemunha daqueles acontecimentos e as cenas passavam na minha mente como um filme:

– Instalados na Terra, verificaram logo que o planeta era bem mais grosseiro que o de onde eles vieram – Zunik –, mundo que tinha todos os recursos e encantos para o coração admirar a obra de Deus e aprender suas leis. Mas eles queriam usufruir tudo o que podiam e conseguiam conquistar, impedindo que os outros também tivessem acesso às melhorias e belezas naturais. Mas a época do gangsterismo naquele planeta havia acabado, depois de todos os avisos espirituais que tiveram, proporcionados pelos guias espirituais de Zunik.

O grande chefe Zilk, cuja inteligência também era superior à dos outros, só competindo com a do sacerdote Zinek, muitas vezes permanecia pensativo e por vezes deixava que lesse a sua mente. Quando se percebia que ele também sentia uma grande saudade do nosso planeta natal.

Inicialmente, pensávamos que estávamos em missão colonizadora, até que de certo modo sim, mas entendemos tudo quando soubemos que não tínhamos o controle da nave. Era inexorável, estávamos exilados, como réprobos, e alguém haveria de pagar por isso. Não perdoaríamos tal engodo e haveríamos de voltar um dia e exterminar os culpados, trabalharíamos sem cessar. Mal sabíamos que o nosso processo de reeducação já havia começado.

Zilk era feroz, apesar de que o sacerdote Zinek, observador e grande analisador das mentes alheias, também não pudesse ser classificado como bonzinho.

Observava que os outros traziam consigo traços marcantes de ferocidade, de uma maldade não imaginada, pois geralmente os maus não estão sempre juntos, atuam aqui e ali, mas no nosso caso todos estávamos juntos. Éramos obrigados a nos tolerar para sobrevivermos. Esta era a primeira grande lição. Os mais afoitos eram logo eliminados exemplarmente para demonstrar a necessidade de calma e tolerância.

Zilk era o mais temível e agia rápido, frio e calculista. Ele tinha que ser o mais terrível, capaz de controlar todos e tudo. Era uma questão de sobrevivência. Cuidava de tudo com mãos de ferro e não perdoava o mais insignificante delito que colocasse em risco a colônia. Criou leis e uma guarda especial de grande confiança. As armas eram diferentes, havia nelas uma espécie de eletromagnetismo paralisante. Conforme a intensidade da carga emitida, podia matar ou paralisar uma pessoa ou animal. Foram usadas até que não se conseguiu mais recarregar as baterias solares. Os circuitos foram sendo corroídos pelo tempo e umidade da terra.

Zilk mantinha o sacerdote quase sempre ao seu lado, para orientação rápida da leitura mental de quem julgava ou de quem o procurava. Assim, pensavam que ele é que tinha poderes de controle das mentes e o temiam. Eu, o sacerdote Zinek, gostava disso. Usufruía todas as facilidades e favores, enquanto permanecesse nas boas graças do chefe.

Ao lado de Zilk estava sempre a bela Zild, sua preferida, embora ele não lhe desse o valor devido, senão o do prazer de sua juventude. No seu cercado, mantinha um verdadeiro harém de jovens escolhidas à força, e era odiado por isso. Eram as mais belas entre nós. No entanto, Zild era jovem e de grande vitalidade, lasciva e luxuriosa, ambiciosa e sensual. Seu magnetismo levou muitos à ruína diante de Zilk, pois eu os apontava como cobiçosos de sua Zild. O sentido de posse de Zilk era muito grande.

Não posso deixar de falar de Zinek, o sacerdote. Egoísta e orgulhoso de seus poderes quase ilimitados, conseguia misturar sua mente à da sua vítima, num processo de *imisção psíquica*. Era muito mais que um simples mago; verificou que as mulheres de sua raça eram possuidoras de muito mais sensibilidade psíquica que os homens e selecionou algumas, formando um grupo especial para o uso da força psíquica quando necessário. Mas mantinha-se fiel a Zilk por pura conveniência, e o líder sabia disso. Cada um tomava seus cuidados para que não fosse apanhado em alguma armadilha. Zinek possuía um servo fiel que lhe era muito grato e que resolveu acompanhá-lo por onde fosse. Era o gigante Dzink. O seu pressentimento para o perigo era grande e todas as vezes que pressentia o sacerdote em dificuldades lá estava ele de prontidão.

Dzink era um espírito ainda primitivo e muito grosseiro que veio junto ao grupo que havia chegado de Zunik. Certo dia, no arraial improvisado nas alturas medianas dos Andes, Zinek teve uma visão na qual via a cabana de Dzink desmoronar. Zinek saiu do corpo em transe espetacular, procurou Dzink e, num esforço inaudito, apareceu-lhe no seu caminho de caça e o avisou para que voltasse rápido e salvasse sua família. Dzink voltou correndo para a aldeia e, assustando a todos, tirou-os de dentro de casa. Foi o tempo suficiente para que as pedras mal escoradas rolassem e tudo viesse abaixo. Salvaram-se sua mulher, sua mãe e seu filho.

Depois que reconstruiu a casa num lugar mais seguro, com ajuda dos outros, Dzink procurou o sacerdote e colocou-se a seus serviços. Muitas e muitas vezes o sacerdote havia salvado a vida do chefe Zilk dessa forma e isso mantinha todo o seu prestígio.

Zinek gostava da companhia de sua companheira preferida, também de grande beleza, Zinara. Tinha-lhe até certo afeto, mas também não a considerava devidamente. Aquele grupo era extremamente patriarcal e egoísta. No fundo eram espíritos duros, onde o amor verdadeiro não havia ainda tido a menor chance. Mas havia algo em Zinara. Ela era uma das sacerdotisas orientadas pelo próprio Zinek, era envolvente e sabia captar os pensamentos alheios e, acima de tudo, penetrar as mentes para processos de fascinação, quando era solicitada para isso. Seus escravos eram praticamente dominados por sua mente. Elas os envolvia e fazia deles verdadeiros fantoches submissos.

Que estranho, há algo em Zinara que estou reconhecendo... Ela agora é a minha Djani!!!... Por isso o meu amor e a minha dedicação. Foram séculos de encontros e desencontros, cúmplices ou algoz e vítima, outras vezes separados, mas enfim acertados com o ciclo das reencarnações.

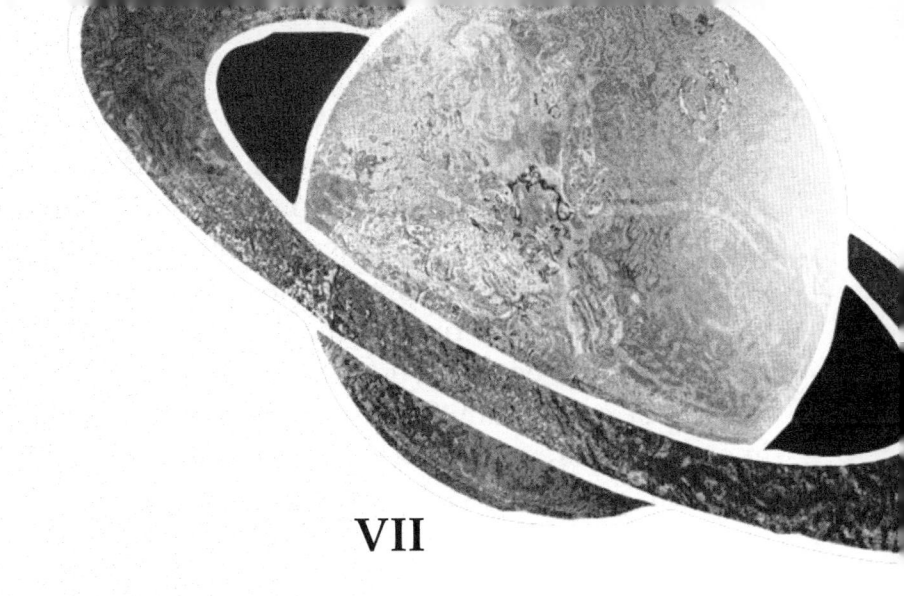

# VII

As reuniões continuaram e havia sido recomendado fossem aplicados passes magnéticos pelo menos três vezes semanais e água fluidificada três vezes ao dia. Além disso, solicitava-se que os familiares, unidos, procurassem harmonizar o ambiente psíquico do lar com a realização de uma reunião para estudos do *Evangelho no lar*, uma vez por semana, e que todas as noites orassem em benefício do jovem Guimarães, para que fosse protegido nos transes medicamentosos e no sono.

No seu laudo, a dra. Jônia já havia colhido todas as indicações espirituais e sabia que aquele estado esquizofrênico havia sido desencadeado, quando o jovem, no início de sua adolescência, sofreu um *choque psíquico* com o falecimento de seu avô, alma querida sua, perto de quem se sentia amparado afetivamente, pois já mostrava uma certa aversão velada pelos próprios familiares, seu pai, sua mãe e seu irmão.

Nesse choque, abriram-se canais psíquicos para o seu passado, quando começou a perceber cenas horripilantes e seres monstruosos que se aproximavam dele, fazendo com que se insulasse no seu próprio quarto. Começou a ver o seu pai no passado como inimigo em potencial, sua mãe como uma traidora, o irmão passou a ser um inimigo. Sua irmã não lhe falava nada ao espírito conturbado e por isso a deixava em paz. O irmão teve que sair de casa. A família passou a viver um verdadeiro inferno. Mas isso ficou para ser esclarecido mais tarde.

Todas as atenções passaram a voltar-se para mim, quando o caso do Guimarães entrava em pauta na reunião. Eu começava a reviver, sob transe canalizado orientado pela dra. Jônia, as cenas do passado, e eu as narrava, algumas vezes horrorizado comigo mesmo:

– O tempo passou e muitos imigrantes se evadiram e acabaram morrendo nas intempéries do planeta. Na região em que desceram, havia muitos vulcões, tremores de terra e terremotos violentos. Descobriram que não havia possibilidade de gerar filhos com a população indígena. Foram envelhecendo, alguns alcançaram terras distantes e faleceram sem deixar muito de seus conhecimentos, que guardavam com esmero e segurança.

Toda a legião que estava encarnada acabou por juntar-se aos degredados do mundo espiritual, formando um grande grupo de criaturas estranhas às dimensões espirituais da Terra, pois que seus corpos espirituais iam aos poucos absorvendo os elementos formadores da nova psicosfera em que estavam vivendo. Esse fenômeno também acontece hoje em dia, quando alguns médiuns não estudiosos da doutrina espíritas veem espíritos que vieram de outros planetas e que não se adaptaram ainda aos padrões perispiríticos da Terra e acham que falam com seres extraterrestres. Na verdade são, mas estão se adaptando e acabarão por tomar a forma humana existente no planeta.

Começaram a reencarnar e foi quando fenômenos diferenciais genéticos começaram a aparecer em determinados nativos indo-europeus. Suas mentes poderosas agiam no código genético durante a formação do ovo embrionário, favorecendo o desenvolvimento de certos circuitos neuranímicos dos novos rebentos, inclusive no aprimoramento da espécie.

Os homens e mulheres de Zunik eram medianamente altos, esguios, mas atléticos, pele muito tênue e sem pelos. Sobre a cabeça havia uma espécie de cabelo de fios muito finos e avermelhados, os olhos eram maiores que os dos nativos, pois a iluminação do sol de Zunik era bem diferente, não tão clara quanto a do nosso Sol. As exceções existiam, uns mais fortes, outros mais obesos, mais baixos ou mais altos... O contraste era grande com os nativos morenos da terra que vieram colonizar.

Séculos correram céleres, sem que houvesse alguém para contar o tempo. Tribos inteiras se formaram e invadiram outras regiões. Zilk, com seu modo sisudo e tirânico, sempre em busca do poder, logo dava um jeito de alcançar algum comando. Zinek continuava a manter suas percepções anímicas e cheias de oráculos, mas agora muito amortecidas com o corpo mais grosseiro. Estavam separados pelas circunstâncias, pelo tempo, pelas distâncias. Sentiam saudades incríveis de seus oásis maravilhosos das proximidades de Antares, na constelação do Escorpião. O sacerdote muitas vezes, à noite, soltava lamentos que saíam do fundo de sua alma:

– Oh! Zunik e suas estrelas que perdi! Por quê? Por quê?

Uma voz interior lhe dizia:

– Bem sabes, alma transgressora e criminosa. Encontras-te agora no meio dos teus inimigos e de muitas de tuas vítimas.

– Maldição! Maldição das maldições!

E acordava transpirando e assustado.

\* \* \*

Tanto Zilk quanto Zinek, em suas múltiplas personalidades assumidas em diversas reencarnações, eram cruéis a seu modo. Zilk, como chefe tirano, e Zinek, utilizando-se das crendices populares. No final não se sabia bem qual deles possuía mais poder. Do mundo espiritual, eles perceberam que um misterioso povo havia emergido nas margens do Nilo e formaram dinastias poderosas, utilizando-se de conhecimentos semelhantes aos deles na época do exílio. Não tiveram dúvidas, juntaram todos os que foram encontrando, velhos conhecidos de Antares, para enfrentar os capelinos que desceram na Terra. Mas como? Zilk, inteligente e estrategista, na sua posição de líder das trevas, arregalou os olhos e disse:

– Envolvendo-nos com eles, misturando-nos e nascendo no meio deles.

Todos concordaram, pois até agora haviam estado como nômades nos continentes sem nenhuma possibilidade de se estruturarem como um povo de conquistadores.

Mal sabiam eles que Zilk estava sendo, mesmo com sua mente ambiciosa, guiado pela instrutora espiritual Janisk, que havia assumido responsabilidade com a educação daquele grupo.

Passados alguns séculos, muitos deles já estavam inseridos entre os egípcios. Zilk seria poderoso faraó e Zinek um hierofante respeitado que chefiaria uma escola de iniciados nas artes do domínio da mente.

As dinastias se repetiram e a história andou. Assombrosas atitudes, cruéis e perversas, marcavam a passagem desse grupo poderoso na vontade, no uso da força do corpo e da mente. Nessa caminhada, uns se alimentavam cada vez mais de suas próprias maldades e ambições, outros, cansados, eram recuperados e eram retirados do meio do grupo principal.

Até que a maior parte dos capelinos dos primeiros momentos dos egípcios saíram do planeta e novas misturas de povos invasores, escravos, prisioneiros, foram se formando, e o grupo de Zilk foi novamente se dispersando.

Mas o sacerdote Zinek, que era ateu, como Zild, já havia concluído e passado a ideia para todos de que realmente havia uma força superior que às vezes não permitia que ele interferisse em determinados assuntos. Portanto, deviam ser os seres invisíveis e poderosos que costumava ver e que muitas vezes lhe falavam profeticamente e ensinavam muitas coisas. Todos deviam agradar esses seres, pois possuíam algo de semelhante a todos que estavam no mundo corpóreo. Inclusive eram eles que vinham buscar os que morriam. Notou que havia seres invisíveis bons e maus e os diferenciavam.

Ensinou para o povo que esses seres maus precisavam ser acalmados e bajulados, para isso só o sacrifício de vítimas vivas; conforme a grandeza da situação, essas vítimas podiam ser animais ou inimigos capturados.

Nos sacrifícios iniciais, com os poderes psíquicos de Zinek e a presença de espíritos vampiros, o coração vivo da vítima era arrancado do peito, o sacerdote o erguia acima da cabeça e a peça desaparecia numa desmaterialização espetacular. Isso havia sido proibido em Zunik, mas o grupo de Zilk continuava a praticar esses sacrifícios às escondidas. Mas, agora, num lugar distante, a ferocidade estava de volta. Essas ideias fluíram para outros povos e foram aperfeiçoando-se através do tempo, sobre os altares de pedra, onde até hoje na terra vemos os seus resquícios, nos altares simbólicos de igrejas vivas. A ideia desses sacrifícios permaneceu, tanto no meio dos incas, no Peru, quanto, depois, entre os druidas, nas Gálias.

\* \* \*

A reunião chegou ao fim e o paciente Guimarães recebeu nova dose de energias restauradoras. Sua mente foi vasculhada, numa espécie de catarse induzida, liberando lembranças terríveis, possibilitando curativos psíquicos importantes nos canais abertos para o passado de atos condenáveis de crimes hediondos. Guimarães saiu da fase catatônica e teve que ser mantido narcotizado. Mais parecia um robô humanoide, olhos abertos para o nada, quase vítreos.

# CAPÍTULO VIII

A fase egípcia passou e os de Zunik estavam dispersos pelo mundo, muitos encarnados nas Gálias, bem antes dos romanos ali chegarem. No meio dos celtas estava Zinek, agora um *drohid,* poderoso sacerdote vidente, praticante do sacrifício humano sob o poder da floresta, ideais daquele povo, que ficou conhecido como druida, possuidores da percepção anímica. Realizavam seus sacrifícios sob os grandes *derv-es* ou carvalhos sagrados. As mitologias se misturavam e os crimes em nome da divindade também. Druidas ou os homens que possuíam o conhecimento das árvores quase milenares era como se denominavam os que possuíam a sabedoria e a vidência.

Importa dizer que esses crimes religiosos não ficaram impunes diante dos séculos que vieram; a história da humanidade que o diga. Os responsáveis foram um a um chamados a brios pela lei divina e muitos foram se ajustando. Acompanhamos pericialmente o grupo em que estava Zinek e o em que estava Zilk.

Após um período dentre os gauleses, o grupo de Zinek, entre homens e mulheres, passaram à Fenícia para fomentarem o apetite de Baal e suas variantes, permanecendo na Palestina. Integrantes do grupo de Zilk acabaram sendo capturados pelos exércitos de Júlio César e levados para Roma, como prisioneiros, gladiadores, escravos etc. Zilk desencarnou em Roma, e ficou por ali, onde podia alcançar mais poder. Reencarnou, tornando-se poderoso general de Tibério, o famoso e feroz Pompeu Quirinus.

Zinek estava por essa época na Palestina, como Azir ben Salatiel, religioso fariseu, mas estava cansado das lutas infrutíferas em busca de sua identidade e de sua divindade que não conseguia compreender. Sua vidência estava bastante reduzida, mas ainda era tido como um sábio nos meios farisaicos. Começou a ouvir sobre o carpinteiro nazareno, chamado o Profeta da Verdade e procurou saber sobre mais esta verdade. Quando soube do que o Galileu falava, tendo curado o seu servo, o gigante Aquim, umas das reeencarnações de Dzink, que havia sido ferido durante uma viagem de negócios ao Oriente, levou uma espécie de choque psíquico, durante o qual pareceu lembrar de todas as suas façanhas criminosas e dos sofrimentos que essas façanhas lhe acarretaram ao longo dos séculos. Largou toda aquela vida social e de aparência santa para retirar-se para uma vida mais solitária, quase essênica. Sob o magnetismo do Cristo e assistência de Janisk, começou sua caminhada de retorno à realidade do bem. Mas muito caminho ainda havia por percorrer.

O que interessa agora é que Zilk e seu grupo permaneceram em estado de ganância, de sede de poder e sexo desvairado. O general Quirinus, de vida militar exemplar na disciplina, mas de família nobre, quando nada mais havia a conquistar, pois Roma dominara praticamente todo o mundo conhecido, foi elevado por Tibério, o demoníaco imperador, a senador romano. Quirinus começou a ter uma vida sedentária e sua casa era só festas orgíacas. Impiedoso para com os escravos, desconfiado dos amigos, a tudo vigiava com atenção. Procurava em vão os sacerdotes e pitonisas para ouvir seus oráculos, mas os deuses negavam-se a orientá-lo. A vida espiritual havia se fechado para ele. Poderoso e descuidado, se precipitou em excessos desvairados. Sua família (sua mulher, suas filhas e filhos) era composta de irresponsáveis que ele mantinha e incentivava.

Como general, ele havia cometido atrocidades cruéis contra os inimigos e, agora, como senador poderoso, sob a tutela de Tibério, extravasava-se em excessos urbanos. Sua mulher mandava envenenar aquelas que surpreendia sob os olhares do marido; os filhos mantinham relacionamentos incestuosos e eram impiedosos. Em sua casa cresceram dois escravos gregos, o menino Filipo e uma menina, Lúcia. Eram jovens bonitos, quando, certo dia, Quirinus parou seus olhos nela. Como se se lembrasse de uma de suas mulheres do passado distante, um desejo foi aceso dentro de seu peito e a quis de qualquer maneira. Ela o rejeitou, pois lhe inspirava um grande medo. Nos dias em que o encontrava, ela tinha sonhos tenebrosos. Ele manifestou a um de seus filhos, o que tinha traços femininos, o seu desejo e que a preparasse para uma noite de delícias. Tudo foi feito, sem contar que o irmão da moça estava atento e a tudo vigiava.

Naquela noite terrível, Lúcia foi introduzida na sala especial do senador. Era uma casa grande, com jardins internos, chafarizes, água corrente e piscinas. Nesse canto da casa havia um certo isolamento e tudo passaria desapercebido, como sempre. Começou a bajular a moça a dar-lhe presentes caros, uma pedra preciosa reluzia nos olhos da jovem apavorada. Ela negou-se e ele arremeteu-se contra ela com ferocidade, dominando-a e a tendo por força, ferindo-a não só no corpo, mas no espírito, que, naquele momento, em transe difícil, sob a violência, parecia rever o seu passado de cúmplice daquele criminoso vestido de riquezas e finos vestidos. Quedou-se sob o olhar lascivo do senador, que queria mais e mais. O rapaz, irmão da moça, ao perceber o que acontecia, levantou-se para interferir com uma adaga, quando, de modo inesperado, a moça, usando a força de suas lembranças de cúmplice do degenerado senador em outros tempos, levantou-se e tomando de uma estatueta de bronze bateu com ela no senador, que se protegeu, recebendo a pancada nas costas. Gritou à guarda, vindo o seu filho com um soldado, que, ao ver que a moça partia para outra arremetida contra o senador, traspassou-a com sua lança.

Filipo, horrorizado, que era antigo inimigo de Quirinus de outros tempos e de outras guerras, reviveu momentos de intensa fúria e entrou no aposento, quando foi dominado também pela guarda mais completa que chegava. Foi enviado para as galés, pelos mares, sem destino próprio. A cada remada, Filipo jurava vingança total contra o senador. Esse jovem não aguentou as galés por muito tempo, mais pelo seu aspecto franzino, e faleceu.

Morreu com a ideia fixa na vingança; seus braços remavam, mas sua mente estava sempre próxima do senador. Fora do corpo, não houve nenhuma barreira, viu-se na casa do senador, onde sempre esteve sua mente. Juntou-se a espíritos vingativos e trevosos, procurando destruir um por um os familiares do senador, sem contudo conseguir destruir o próprio Quirinus. Mas o seu juramento durou séculos. O máximo que conseguia fazer era confrontar-se com Quirinus nas horas de sono deste, quando travavam verdadeiras batalhas, um querendo dominar o outro. Isso durou por muito tempo, como sói acontecer com os que se odeiam aqui na Terra, quando saem do corpo se procuram e guerreiam entre si, até chegar a vigília, ocasião em que acordam cansados e enfraquecidos em suas vontades. Por incrível que pareça, o senador, fora do corpo, estava sempre cercado por uma turba enorme de bandidos espirituais, guerreiros impiedosos, cujas características já não eram mais as humanas, mais pareciam feras.

Ao terminar o relato, percebi que esse espírito vingador estava de vigia sobre o jovem Guimarães, providenciando para que ele não recebesse ajuda nenhuma. Varou séculos procurando e se digladiando com Zilk, sem conseguir exterminá-lo, pois o espírito não morre, apenas o corpo. Todos compreenderam que o caso do jovem Guimarães estava começando a desvendar-se, mas muito ainda havia a ser desvendado, na tentativa de dissecar a alma do esquizofrênico para extirpar, numa catarse psíquica, os fundamentos daquela loucura e pensar as feridas abertas no seu corpo psíquico, fechando os canais de comunicação com o passado.

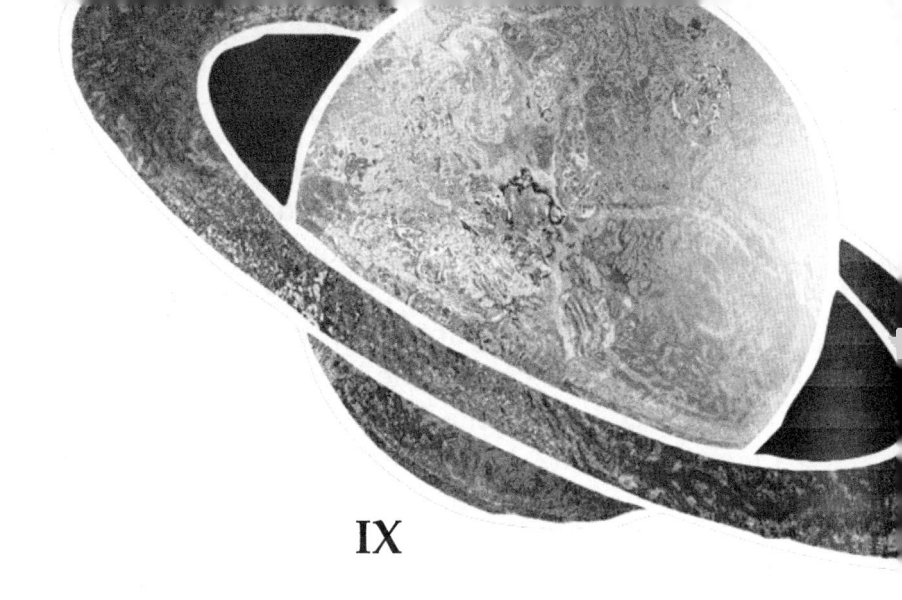

# IX

Uma situação parecia evoluir no meu psiquismo. Inicialmente percebi que era só tocar com interesse um objeto ou um retrato que logo ia percebendo a quem pertencia e onde estava o seu dono, de onde viera etc. Depois, passei a visualizar as pessoas por dentro, numa visão psicoendoscópica; cheguei uma vez a perceber-me anatomicamente por dentro de mim mesmo, numa percepção introscópica. Agora, começava a ter percepções psicométricas com as pessoas que encontrava e que de alguma forma se dirigiam a mim por algum motivo, conhecendo, inclusive, não só seus pensamentos, mas as suas intenções. Procurei educar-me para que minhas energias nervosas pudessem ser mais canalizadas para o serviço útil.

Num dia de sessão, falaram-me que seu Martins Estêvão, um antigo componente do grupo, havia chegado de viagem, que viria ao nosso encontro e que talvez pudesse continuar o seu serviço medianímico, como fizera regularmente até uns dois anos antes. Eu não o conhecia ainda, apenas ouvia falar dele como uma pessoa dedicada ao serviço da caridade pela prece de intercessão pelos sofredores.

Assim que entrou no ambiente, reconheci-o pelas descrições dos companheiros. Seu Martins era um homem alto e forte; diante de mim, altura média, ele era um verdadeiro gigante. Vi algo mais, mais além, era ele o gigante Dzink. Incrível, mas era o antigo amigo. Ele se aproximou de mim e disse:

– Sei que lhe conheço, mas não sei de onde. Gostei de você. Já me disseram que vem fazendo progressos em seu trabalho junto ao grupo!...

– Com a ajuda de todos, sim – falei. – Folgo em conhecê-lo.

Já sabia de antemão que muitos do grupo de Zinek estavam ali, entre os estudiosos do psiquismo prático e experimental, mas a presença do gigante Dzink foi inesperada. A sessão começou e chegou a vez do estudo do caso do jovem Guimarães. Sem saber muita coisa sobre o caso, seu Martins falou:

– Vejo um jovem de aspecto lamentável, tem correntes partidas nos pulsos, parece um jovem grego... Ele tem aparência séria e compenetrada, mas a sua mente está ávida de vingança. Ele está dizendo: – Vocês não vão livrar o patife do Quirinus assim tão facilmente, não antes que eu acerte as contas com ele. Tenho perseguido-o há séculos e o tenho perturbado o quanto posso, mas não consigo destruí-lo, mas agora o encontrei frágil e fácil de ser apanhado. Eu o esmagarei, como se faz com um verme nojento.

A dra. Jônia perguntou ao seu Martins:

– Ele pode me ouvir?

– Sim!...

Dra. Jônia se dirigiu, então, diretamente ao espírito obsessor que utilizava as energias clarividentes e auditivas do seu Martins:

– Meu amigo, por que estás assim tão feroz? Não sabes que não devemos fazer justiça com as próprias mãos? Deixa para Deus a devida justiça, a verdadeira.

– Para o Quirinus eu sou o flagelo de Deus. Ele pagará por tudo o que fez com minha Lúcia. Não descansarei enquanto não destruí-lo completamente, a fim de que ele sofra por tudo o que fez. Enquanto éramos inimigos, lutávamos por estarmos em posições contrárias, mas, quando ele atacou minha Lúcia, ele exacerbou. Ele pagará, pagará...

– Onde está sua Lúcia?

– Não sei, perdi-a de vista. Não sei o que Quirinus fez dela. Mas hei de descobrir.

Nesse momento, a médium Divani percebeu a entrada no ambiente do espírito de uma jovem belíssima. Era Lúcia, vinha ajudar o seu irmão de outros tempos. Ela entrou e abraçou o aparente jovem, acalmando-o, sem que ele se apercebesse de sua presença..

– Sortilégio!... Eu não sei o que estão fazendo comigo. Estou meio tonto, cansado... Preciso refazer minhas forças, mas voltarei e vocês, que são amigos de meu inimigo, são agora meus inimigos. Esperem só! – ameaçou, antes de ser levado do ambiente sob o amparo dos amigos de sua irmã espiritual.

Foi nesse momento que Waldomiro tomou de um lápis e psicografou:

*"Meus amigos, não devem temer essas ameaças nascidas do ódio. Estamos acompanhando todo o processo de redenção desse grupo de almas em transes dolorosos do crime, da expiação, do remorso, da loucura e de tantos outros problemas. Desenvolvamos o amor, que deve caracterizar o objetivo do cristão verdadeiro, e prossigamos, sempre pedindo a Deus que nos inspire e nos dê recursos para aliviar os sofredores. Que movimentem seus corações na prece sincera, na piedade religiosa, abrandando a ferocidade de alguns, a ansiedade de outros, a dor do próximo, com as benesses que vamos angariando das luzes do nosso Criador. Lúcia."*

Vi todos os lances e bem sei que tudo aquilo foi verdade. Percebi, também, que a dra. Jônia, embora permanecesse calada, havia participado de todo quadro espiritual que aconteceu naquele momento. Contudo, o espírito Filipo não se sensibilizou, foi apenas neutralizado por algum tempo até que uma ajuda mais eficaz pudesse chegar ao Guimarães, assediado também por outros grupos de obsessores tenazes e pelas próprias cenas de seus crimes.

Ao ver o espírito do jovem, verifiquei que ele, inicialmente, nas idades perdidas do tempo, era inimigo declarado de Zilk, mas toda a situação agravou-se quando, na personalidade de Quirinus, Zilk abusou de sua Lúcia, espírito que estava como sua irmã querida, mas era de fato uma dedicada amiga sua de outras tantas eras. Dos tempos de Roma para cá, Lúcia recuperou-se, sempre renascendo na forma feminina, como filha, esposa e mãe, aprendendo, regenerando-

-se e alcançando sua liberdade espiritual. Ela mantém-se próxima dos que ficaram para traz, na tentativa caridosa de os ajudar.

Pedi a palavra. A dra. Jônia aquiesceu e falei que havia percebido uma situação muito além da história do Filipo:

– Tive a nítida impressão de que, ligado ao Filipo, existem outras entidades interessadas em compartilhar com a vingança dele. São espíritos vingativos de pessoas que sofreram a ação do Guimarães em outros tempos diferentes do de Roma. Vejo-o na época das perseguições aos cátaros.

A dra. Jônia, percebendo que a história ia muito mais longe, disse:

– Hoje já conseguimos avançar bastante. Deixemos para continuar na próxima semana.

A reunião terminou com uma prece e nos despedimos uns dos outros, sabendo que mais uma vez havíamos cumprido a nossa parte. Saí conversando com o seu Martins Estêvão como se fôssemos velhos conhecidos.

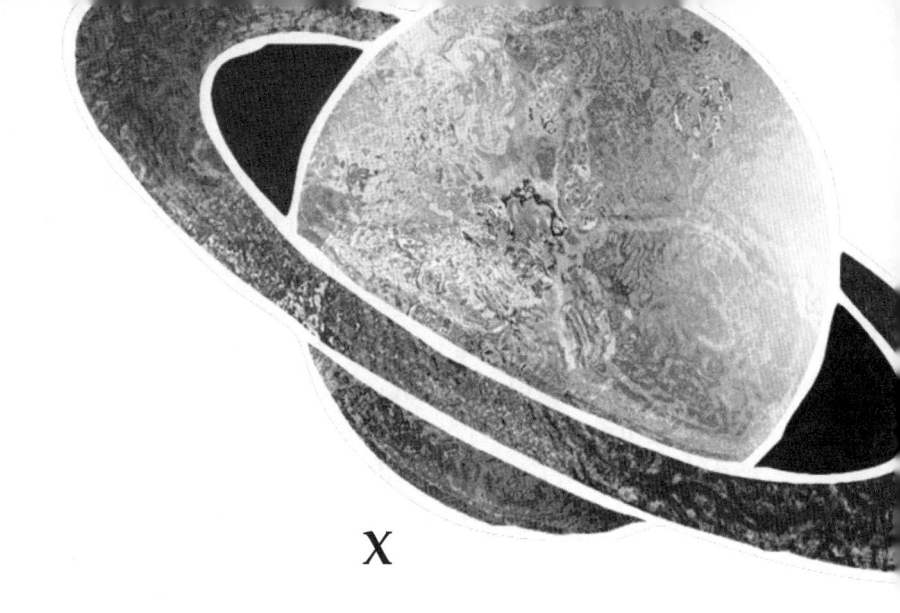

# X

Os dias passaram com a rapidez de quem está sempre com a mente no trabalho. A semana foi-se sem muita novidade. Dra. Jônia leu o nome do Guimarães, e imediatamente vários quadros, como se fossem fotografias ampliadas, apareceram na minha visão psicoscópica. Era uma leitura rápida da mente do jovem esquizofrênico. As fotos psíquicas passavam rápido, uma após outra, e parou numa em que as pessoas começaram a se movimentar. Estava diante do Vaticano, um tempo sombrio, e eu parecia ver os planos material e espiritual.

A dirigente perguntou:

– Que tempo é esse?

– Início do século XIII, na minha mente vem o número 1208. Estou dentro do Vaticano, parece que vejo um grupo tramando, alguns homens de guerra estão em torno do papa. Uma voz me diz: – Inocêncio III. Ele quer usar a mesma função das Cruzadas contra os hereges cátaros. Alguém foi assassinado e eles culpam os cátaros. Inocêncio está alterado e diz, colérico:

– Os cátaros merecem uma cruzada. Esmaguem esses hereges e darei a mesma recompensa que tenho dado aos que lutam na Palestina.

A dirigente interpelou-me:

– O que tem isso a ver com o jovem enfermo?

Parei um pouco, procurando perceber a resposta. Era como se eu tivesse munido de uma espécie de radar. A figura do Guimarães veio-me à visão e parou atrás de um dos comandantes de guerra. Ele entrou, fundiu-se com o guerreiro. Sim, aquele comandante era o jovem Guimarães, um chefe da guerra. Estava feliz com a decisão do papa:

– Prometo os saques e as terras riquíssimas da região de Languedoc.

Tudo pronto, cavaleiros e povo, párias, todos estavam prontos para dizimar os cátaros em busca das recompensas. Havia uma fúria incontida. Lá estava o general de guerra, o comandante com seu exército, pronto para atacar. Não se importavam com quem haveria de morrer. O lema era "Matem todos! Deus saberá quem são os seus." Foram vinte anos de guerra e devastações e o Languedoc não resistiu mais ao cerco dos nobres franceses e dos representantes da igreja.

Mas a guerra não ficou só nisso; não se satisfazia apenas em guerrear e conquistar. Capturavam-se moradores da região e sob tortura faziam-nos confessar que havia hereges entre os seus familiares. Com essas confissões, prendiam, confiscavam bens, torturavam, matavam... A fúria dos líderes parecia passar para os comandados. Muitos inimigos Guimarães conseguiu ali, gratuitamente.

Comecei a envolver-me demais com a situação e a dirigente me fez sair do transe psicométrico, dando-me uma ordem de voltar à realidade atual. Toda a narrativa estava gravada, tudo registrado para futuros estudos. No momento em que descrevia as percepções, todos irradiavam como para um reforço psíquico em direção ao jovem. A varredura medianímica funciona não só como um radar psíquico, mas também como uma injeção de recursos neuranímicos.

A dirigente fez os comentários pertinentes, informando que o Guimarães estava mais calmo e esperava que os recursos emitidos pela reunião pudessem levar mais melhoras ainda, até o moço conseguir participar um pouco, ficando mais receptivo. Depois, começou a perguntar a cada um dos médiuns o que haviam percebido.

Martins Estêvão pediu a palavra e narrou que ele, à medida que eu falava, via as cenas, mas não tinha conhecimento das condições regionais da França na Idade Média para poder descrever com exatidão, mas que via tudo, os cavaleiros, o povo irresponsável, as batalhas. O pior tinham sido as cenas de tortura, que quase não conseguiu acompanhar, tamanha a crueldade.

Seu Waldomiro informou que, quando todos mentalizavam o jovem, via uma forte luminosidade que ligava as nossas cabeças, unindo-as à da dirigente. Da parte central, um feixe intenso de luz se formava e saía em direção ao jovem. O próprio jovem parecia não absorver quase nada, mas sua alma era devassada. Os raios de luz que escapavam do jovem saíam em direção aos familiares, que se esforçavam para manter o ambiente familiar em paz e psiquicamente receptivo, segundo as instruções dadas pelos instrutores espirituais.

Dona Rosalva Tereza Cardim descreveu duas equipes espirituais atuando. Uma permanecia junto a nós, como se estivesse retirando substâncias curativas, as acumulava numa espécie de redoma de vidro transparente e as enviava à outra equipe que estava com o enfermo. Esta retirava da redoma uma espécie de ectoplasma e fazia curativos na cabeça, no cérebro do paciente. Era como se eles quisessem fechar aberturas psíquicas por onde chegavam à mente doente as cenas do passado.

– Vejo mais uma coisa – observou a médium Genecy Soares. – Nesses canais abertos vejo espíritos. É como se eles, através desses canais feitos de vibrações terríveis, achassem o rapaz. São obsessores, cúmplices, vítimas que o buscam e o encontram devido ao transe patológico da esquizofrenia, como tem explicado a dra. Jônia. Para cada canal que vamos conseguindo fechar, outro vai se abrindo, permitindo novas lembranças e a presença de outros inimigos.

A médium Divani confirmou que também havia visto a mesma coisa, mas que um médico espiritual ali presente informava que Zilk não havia considerado os conselhos para se redimir de seus crimes, aplicando a lei do amor. Então, a lei de ordem do universo, ou seja, a lei do progresso, imobilizou-o na condição de prisioneiro sem grades para que ele pudesse rever seus crimes, reconsiderar suas atitudes para, depois, recomeçar a construir o amor que deixou de realizar, ao considerar-se o próprio deus e senhor de todos, com seu orgulho e o seu egoísmo. Inclusive, prosseguiu dizendo que os familiares que sofrem com as condições doentias do Guimarães foram seus colaboradores, que já melhoraram muito, mas que têm ainda ligações psíquicas de responsabilidades com os crimes cometidos contra a humanidade. Nessa oportunidade, diz esse espírito, aproveitamos para tentar ajudar a muitos outros espíritos que se acham de alguma forma ligados às irresponsabilidades espirituais do Guimarães.

A dirigente, percebendo que ninguém mais queria falar, encerrou a reunião.

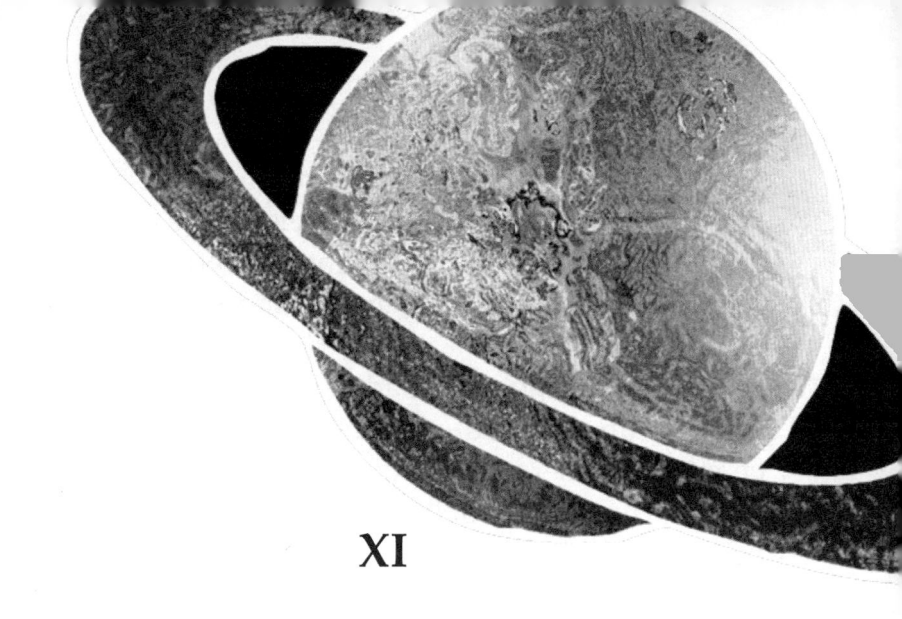

# XI

Após tantas irradiações e varreduras medianímicas nos pacientes considerados para as sessões, observou-se uma melhora em todos, inclusive no jovem Guimarães. Uns puderam voltar para casa e outros ficaram aguardando um tempo para que ficassem livres de resíduos significativos que teimavam em permanecer e fazer com que eles repetissem as crises. Mas Guimarães estava mais calmo e em poucos dias poderia permanecer em casa. O seu obsessor mais tenaz havia se afastado por força das preces e pela ajuda do espírito Lúcia. Pudemos, então, nos reorganizar para outros casos.

Quando menos esperávamos, chegou-nos uma notícia desagradável. Um acidente horrível havia acontecido com um dos familiares da médium Rosalva: seu marido estava hospitalizado após um desastre de carro; havia ficado preso nas ferragens e todos estavam desconsolados. De imediato, após o início da reunião, dra. Jônia lembrou que Paulo de Tarso, em sua carta aos Gálatas, havia escrito que todos os cristãos fizessem a caridade, "primeiro com os domésticos da fé", e logo pediu-nos que orássemos pelo amigo acidentado e, após a oração, irradiássemos (varredura anímica) três minutos em sua direção, enviando forças também para os familiares.

Após o tempo estipulado, a dra. Jônia solicitou a um por um dos médiuns que falasse sobre suas percepções para serem gravadas e depois analisadas para procurarmos uma melhor maneira de ajudar. Falou primeiro dona Divani:

– A expiação dele foi muito amenizada. Ele deveria morrer ou ficar completamente entrevado, mas podemos ficar tranquilos que vai se recuperar, após um longo período de tratamento. O sofrimento é muito, mas ele veio numa época em que a medicina tem muitos recursos.

O médium Martins Estêvão pediu a palavra e acrescentou:

– É curioso observar que esse acidente aconteceu logo depois que terminamos uma fase do tratamento do Guimarães. Veio numa ocasião em que nossas atenções poderão voltar-se para Rosalva e seu marido. E me parece que há uma espécie de aviso em tudo isso que está acontecendo, mostrando-nos que, embora todos estejamos engajados nas fileiras do bem, não estamos eximidos de, na hora devida, sofrermos nossas expiações.

Waldomiro, emocionado, disse que, embora não soubesse as causas, elas foram muito mais violentas do que os acontecimentos do acidente. As tarefas de Rosalva junto aos sofredores, como médium e como passista, muito amenizou o seu próprio clima de expiação, e seu marido, um homem de bem e trabalhador, caridoso, foi aos poucos amenizando também sua parcela de sofrimento.

– Tenham certeza – disse ele – que as expiações seriam muito mais severas do que estão sendo agora, mas, como nos alertou o apóstolo Pedro, em sua primeira epístola: "Cultivai o amor mútuo entre vós mesmos, porque o amor cobre a multidão de pecados."

Dona Genecy, muito sensível, percebeu as equipes espirituais se deslocando com recursos ectoplasmáticos até o hospital e entregando os recursos obtidos em nossas preces a uma equipe espiritual que já esperava junto do acidentado. Vibrações de calma foram transferidas também para os familiares, com sustentação especial para Rosalva.

Na minha vez de falar, eu estava quase em choque, mediante a cena dantesca que me sobreveio durante a prece além da visão de ajuda espiritual. Fui transportado ao passado do marido de dona Rosalva. Ele era um senhor de engenho. O canavial era grande e ele mantinha muitos escravos negros para mão de obra na fazenda de cana-de-açúcar. No meio dos escravos havia um homem negro, alto, muito revoltado. Havia fugido várias vezes, mas era sempre capturado novamente. Suas costas eram marcadas de cicatrizes do chicote do feitor. Na verdade, esse escravo era a reencarnação de um europeu, inimigo declarado do fazendeiro, que estava ali subjugado pelo destino, que o colocava diante de seu inimigo e antiga vítima. Mediante a chance de punir exemplarmente o escravo, o fazendeiro não hesitou e mandou que o matassem. Levaram-no para a estação do engenho, penduraram o escravo pelas pulsos e o desceram devagar na engrenagem do moinho de cana. Com as pernas estraçalhadas o homem não resistiu e morreu, mas o crime permaneceu na consciência do fazendeiro, que hoje é o marido de Rosalva, do feitor, que é filho de Rosalva, e da mulher do fazendeiro, que é a própria Rosalva, que na época consentiu e incentivou o marido para aquela punição. Essas coisas aconteceram no início do século XIX. Refletem-se hoje, após muitos remorsos e arrependimentos, os crimes de ontem. A Lei está colocando tudo em seus devidos lugares. Daí os familiares precisarem suportar tudo com resignação para que a oportunidade de resgate não se perca em revoltas e maldições.

As causas dos sofrimentos recentes estavam devidamente explicadas e só restavam agora a ação médica e as preces que nasciam de nossas varreduras anímicas em benefício do marido de Rosalva. Eles, na verdade, eram antigos cúmplices do grupo de Zilk e que de vez em quando tinham uma recaída de prepotência, abafando os fracos anseios de luz por momentos de repetição de suas ferocidades antigas. Mas já haviam melhorado bastante. Rosalva, na vida passada, ainda não soubera como se desvencilhar da proposta maligna do marido, mas agora sofria parte de sua responsabilidade. No entanto, haveria de superar tudo a contento.

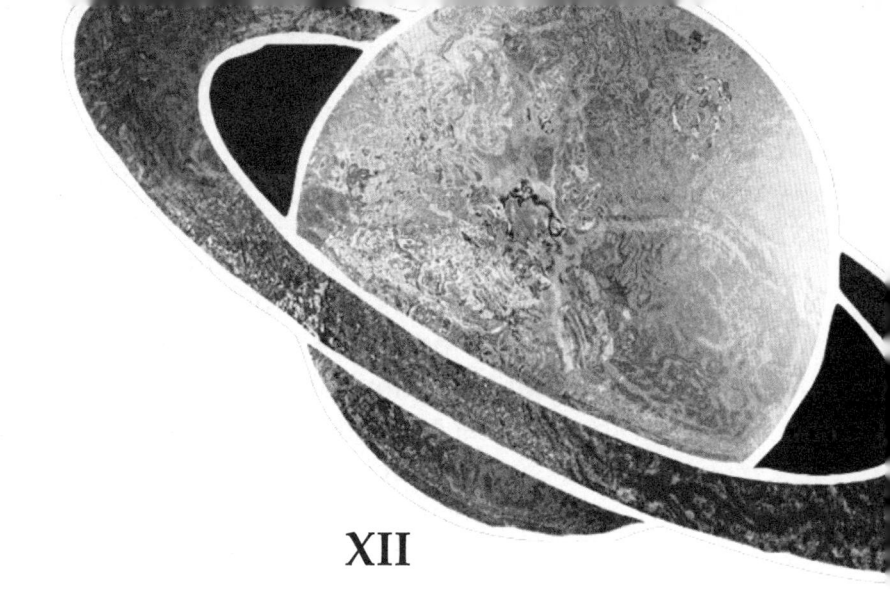

# XII

Dona Genecy e seu Waldomiro eram duas almas boas; casados, estavam no grupo devido aos sentimentos de muito amor. Colaboravam o quanto podiam com a dra. Jônia para a harmonia dos trabalhos, sempre procurando participar. Há muitos anos que se dedicavam às atividades de auxílio ao próximo, em suas diversas modalidades, e alimentavam em seus corações a verdadeira caridade.

Há alguns séculos já haviam tomado os caminhos do *evangelho* e ali estavam para tarefas específicas junto aos sofrimentos atrozes dos drogados, alcoólicos e agora dos obsidiados, psicóticos e esquizofrênicos e seus diversos graus de paranoia. A presença deles nas reuniões era sempre uma segurança a mais para todos.

Eles eram hebreus que mais tarde se tornaram judeus cristãos, entendendo a mensagem do Cristo perfeitamente. Desde então seguiram os passos do sublime peregrino e se aprimoram na tarefa de socorro o próximo, sem nenhuma vinculação com crimes humanos, procurando seguir os mandamentos aperfeiçoados de Jesus, amando o próximo como a si mesmos.

Embora não tivessem participação em crimes de grande porte, eram almas em evolução e que também tinham os seus percalços mais leves com a Lei de Deus. Enquanto estavam trabalhando em nome do Cristo, nesta encarnação, como espíritas, iam também passando por suas expiações menores e provações que são comuns neste mundo.

Na encarnação passada, haviam feito contato com o Codificador do espiritismo e de alguma forma trabalharam direta e indiretamente para a divulgação da doutrina de Kardec. Parecia que ser espírita era uma coisa muito natural para eles. Dra. Jônia, vendo neles uma ótima condição para o favorecimento do ambiente, pela calma e segurança que transmitiam, os convidou, logo no início da formação do grupo:

– Meus caros, gostaria de organizar uma reunião espírita, de caráter científico e ao mesmo tempo assistencial, na minha clínica psiquiátrica e gostaria de contar com vocês.

– Mas, dra. Jônia, somos pessoas simples e não sabemos o que fazer numa reunião científica, o que nos impede, a mim e a Genecy, de podermos aceitar tal incumbência – disse seu Waldomiro, um tanto pesaroso.

Entretanto, Dra. Jônia, não se fazendo de rogada, argumentou:

– Por que estão preocupados com isso? Não quero o grau de instrução que possam ter, mas sim os seus corações dedicados ao bem.

Eles aceitaram e têm sido de grande valor na manutenção do *campo psíquico* do grupo. Formavam com a dra. Jônia um elo de força mental muito forte, pois desde os tempos bem antigos vinham aceitando com muita facilidade as instruções espirituais que Jônia lhes dava em nome do Cristo. Os outros participantes que foram chegando iam se enquadrando nesse campo psíquico. Os que não conseguiam, afastavam-se por eles mesmos, sem conseguirem continuar com a tarefa.

De fato, todos nós que conseguíamos ver a formação do campo psíquico percebíamos o elo luminoso intenso que se formava entre nós assim que a prece inicial ia sendo feita, solicitando, entre outras coisas, a formação dessa força única, compostas por nossos pensamentos comuns e firmeza de prosseguir com os mesmos propósitos. Esse campo psíquico, na verdade, é o famoso "todo coletivo" que Allan Kardec tanto fala em *O livro dos médiuns* e na *Revista Espírita*.

A médium Divani descreveu bem essa união psíquica:

– Assim que a diretora pede a formação do campo na prece inicial, começa a aparecer sobre nossas cabeças um elo luminoso que nos liga a ela e se expande até os orientadores espirituais, formando um todo. Isso permanece por toda a reunião. Quando a diretora pede para pensarmos em alguém, sai desse elo uma emissão fortíssima, como um poderoso raio mental na direção solicitada.

Seu Waldomiro comentou o seguinte:

– Quando esse raio atinge o objetivo, ele vasculha psiquicamente tudo, no passado, no presente e no futuro; energiza o necessitado e, como um radar, envia-

-nos de volta todas as informações de que precisamos para auxiliar. Para mim ele tem duas funções: o reforço psíquico ao paciente e a obtenção das informações psicométricas. Foi isso que entendi da explicação da dra. Jônia.

Dra. Jônia também havia explicado que, estando a pessoa participando do campo, ela era energizada pelos recursos psíquicos dos outros médiuns, facilitando entre nós a *telepatia,* inclusive. E mais: cada um participa de acordo com seu nível psíquico, ditado pelo seu grau de progresso alcançado.

Foi assim, finalmente, que entendi a participação do casal Waldomiro e Genecy naquele grupo de auxílio espiritual. A sensibilidade deles para captar as causas anteriores e os porquês do sofrimento alheio era impressionante. Eles sentiam determinadas situações com referência aos nomes que eram citados para auxílio espiritual e esses sentimentos eram anotados pela dirigente dos trabalhos, que mais cedo ou mais tarde trazia para o aprendizado de todos nós o esclarecimento e a confirmação do que eles haviam percebido.

Com o correr dos trabalhos, a dra. Jônia concluiu que o segredo da boa atuação com as forças medianímicas não estava no uso dos canais mediúnicos, mas sim nas percepções dos médiuns. Essas percepções podiam ser anímicas ou mediúnicas, dependendo se o espírito do médium as tivesse espontaneamente ou se lhe eram mostradas por algum espírito. Os canais da mediunidade, tais como psicografia, psicofonia, vidência e todas as outras variedades são apenas faculdades que o homem pode apresentar, mas que podem ser utilizados com maior precisão se o forem de forma consciente. Dra. Jônia havia publicado um extenso trabalho sobre essa questão.

Assim, foi a partir da medianimidade das pessoas simples que dra. Jônia pôde tirar suas melhores conclusões e o casal Waldomiro/Genecy foi de muita utilidade na primeira fase dos trabalhos. Além da formação consciente do *campo psíquico* e da valorização da *percepção*, houve também o desenvolvimento do *transe canalizado*, pois que, lendo outros trabalhos, a dirigente pôde exercitar com o grupo o envio consciente de irradiações mentais para essa ou aquela situação, para esse ou aquele indivíduo, obtendo grandes resultados.

No caso específico dos trabalhos da clínica, eram utilizados corretamente o campo psíquico, a percepção medianímica e o transe canalizado, possibilitando o vasculhamento do psiquismo alheio com grande precisão. Nessa oportunidade, o paciente era energizado e ao mesmo tempo sofria uma ação catártica e, com a invasão da mente do paciente, todas as suas questões eram descortinadas, favorecendo o entendimento dos seus problemas e o favorecimento do auxílio.

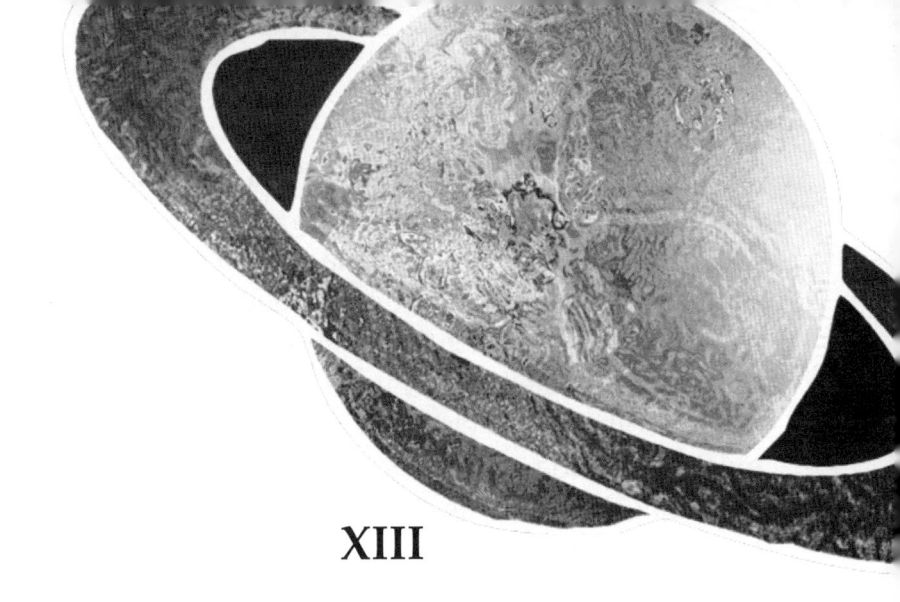

# XIII

Encontrei-me com dona Maria Genara no corredor da clínica e começamos a conversar. Disse-lhe que tinha uma curiosidade sobre o trabalho mediúnico dela e que gostaria, se possível, que ela me explicasse alguma coisa.

– Pois não! – disse ela.

– É que notei que você sempre é indicada em primeiro lugar para as tarefas do passe nos pacientes e da magnetização da água, seja de modo coletivo ou individual...

– Ah! Meu caro, isso foi uma conclusão de seis meses de observação que a dra. Jônia fez comigo depois que comecei a trabalhar aqui.

– Como assim?

– Ora, ela começou a observar que os pacientes mostravam alguma reação para melhor depois que eu aplicava os passes. Ela também percebeu que minhas percepções eram melhores quando eu estava na equipe de passes. Foi aí que ela me solicitou a permissão de induzir-me ao passado, num transe anímico sob a assistência dos demais médiuns.

– Interessante, e o que foi que ela descobriu, poderia me contar?

– Claro, meu amigo. Fiz uma viagem psíquica para o meu próprio passado até que cheguei numa época remota em que era orientada pelo sacerdote Zinek, imigrante do planeta Zunik. Eu era uma das suas sacerdotisas, escolhidas por ele para participar de seu grupo de magia avançada, logo depois que chegamos na Terra. Ali comecei a desenvolver minhas forças anímicas. Com o passar dos séculos, fui sempre chamada a colaborar nos trabalhos de pitonisas e videntes, além de colaborar com os sacerdotes egípcios no tratamento das pessoas. Sempre fui uma sibila secundária e minha tendência era sempre para o lado do magnetismo curador e não o de vaticínios. Talvez, por suas percepções avançadas, os sacerdotes antigos já me escolhiam por essa faculdade curativa que venho demonstrando possuir. Até que, com sentimentos mais purificados, eu mesma escolhi trabalhar mais a serviço do bem. Quando tive oportunidade, reencarnei na época de Mesmer, com quem aprendi muito e fui muito utilizada por ele na magnetização das águas de sua tina magnética. Depois continuei algum tempo com o marquês de Puisseguyr, o descobridor do transe sonambúlico sob o grande olmo. Nessa encarnação, já as pessoas me procuravam para obter cura ou ajuda magnética. No tempo do espiritismo nascente, eu já trabalhava, não apenas com o magnetismo animal das teorias de Mesmer, mas com o nascente magnetismo espiritual, quando, nitidamente, os espíritos interferiam nos pacientes magnetizados, dos quais muitos foram considerados médiuns, posteriormente.

– Que interessante!...

– Desvendado isso, dra. Jônia não teve dúvida: colocou-me diretamente nos trabalhos junto aos enfermos. Foi quando tivemos um avanço no tratamento do passe específico e na energização da água, com grandes vantagens para os pacientes, pois os passistas foram escolhidos da mesma forma como eu fui escolhida. Trata-se de uma ação consciente no trabalho com as forças psíquicas dirigidas.

– Minha cara Maria Genara, observo que esse trabalho da dra. Jônia é um precursor das atividades médicas futuras, pois não vejo na literatura nada semelhante a não ser as publicações dela.

– Parece que é isso mesmo. Mas, observe bem, não parou por aí. O grupo de passistas, na hora da tarefa, também forma uma espécie de *campo psíquico* do qual todos participam e se potencializam. Assim, qualquer um que esteja aplicando o passe o faz com a mesma força, acrescida das suas próprias especificidades. Dessa maneira, temos passistas que são melhores nos processos de cicatrização perispiritual e corporal, outros na capacidade tranquilizante, outros para refazimento das forças anímicas do paciente, e ainda outros para o revigoramento do organismo, principalmente do sistema nervoso, em se tratando do nosso trabalho especializado.

– Vocês sentem a melhora do paciente, se ele está assimilando as forças, onde o passe deve ser aplicado, qual a regiao corporal mais prejudicada?...

– Não só isso. Estamos num grau avançado de atuação das irradiações medianímicas. Não só sabemos se o paciente está assimilando, como aqueles que não estão. Neste último caso, utilizamos água fluidificada, que é ministrada ao paciente de três em três horas para que, irradiando dentro do organismo, vá destruindo as barreiras psíquicas e orgânica existentes. Conseguimos avaliar o grau de comprometimento do paciente e sabemos se sua recuperação será rápida ou lenta, ou ainda que, nesta existência, ele não ficará curado.

– Não sabia que esse setor estava assim tão avançado.

– Meu amigo Heraldo, a coisa vai ainda mais longe. Você, que já está fazendo parte do grupo há algum tempo, precisa se inteirar completamente de todas as atividades, procurando também desenvolver suas forças. No nosso caso de passistas, a nossa percepção do paciente avançou muito, cada um em sua especialidade e de acordo com as próprias energias. Uns desenvolveram a vidência, que chamamos cientificamente de visão psíquica ou *psicoscopia,* em suas diversas nuanças. Por exemplo, o Eduardo, passista dedicado, desenvolveu uma espécie de *introscopia*; ele percebe coisas dentro do seu próprio corpo e também desenvolveu uma *psico-endoscopia,* quando ele vê dentro do corpo do paciente. A Genecy desenvolveu uma *psico-metria,* em que ela é capaz de, ao magnetizar uma pessoa, ver o seu passado (*retrocognição*) e o seu futuro (*precognição*). Ela é capaz de fazer isso também com ambientes e com objetos. A Teresa desenvolveu uma psicoscopia chamada de *imisção psíquica.* Ela entra em contato psíquico com a mente do paciente, misturando-se a ela e tudo que o paciente tem em sua mente ela sabe; não adianta querer esconder nada dela. Acho que agora você está bem a par dos acontecimentos e do grau de avanço dos trabalhos da dra. Jônia, não é?

– Dona Maria Genara, eu lhe agradeço muito por todos esses esclarecimentos. Vou pensar muito no assunto, que é de grande valor para meu aprendizado. Acredito que estou no caminho certo para também poder contribuir de alguma forma. Até logo, obrigado.

– Até logo. Por nada.

Saí meditando e lembrando de muitos dos acontecimentos de minha vida particular, mas, como serviços urgentes me aguardavam, deixei para mais tarde quaisquer conjecturas a respeito de mim mesmo e dos progressos que estava conseguindo.

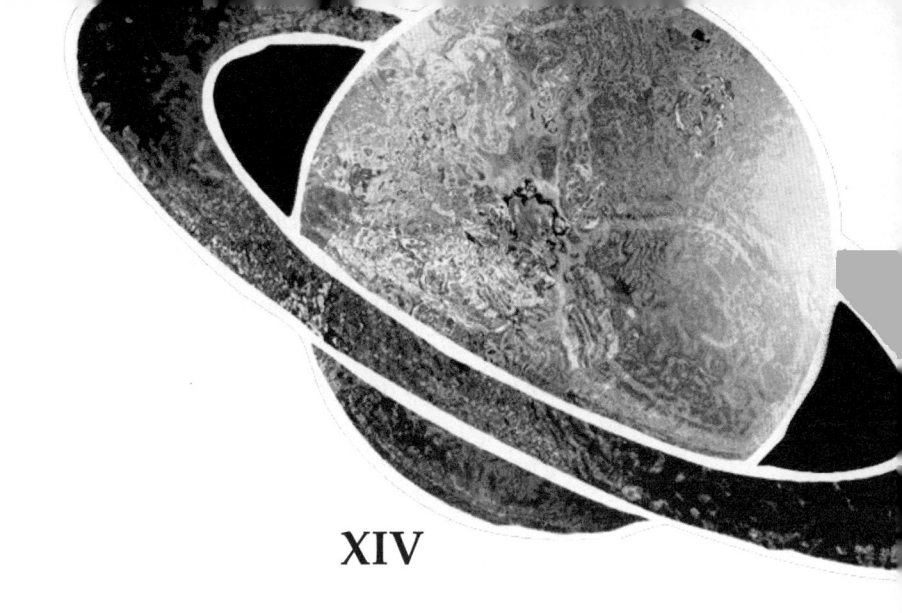

# XIV

Em casa, à noite, após todos estarem retirados para o sono noturno, eu lia um livro de um pesquisador paulista sobre Allan Kardec, sugerindo que ele seria um druida reencarnado. Meu pensamento afastou-se do texto e entrei por um portal, através do qual fui verificando que também eu havia participado entre os iniciados gauleses. Havia sido uma espécie de sacerdote em tempos bem antigos, quando eram realizados sacrifícios humanos sobre altares de pedra ao lado de grandes carvalhos sagrados, os *dervos* gauleses. Ao mesmo tempo me vieram lembranças dos momentos familiares de campismo, quando me sentia livre diante da natureza no meio das árvores, das florestas.

Especificamente, me vieram à mente dois momentos que parecem eternizados em mim. O primeiro, já referido anteriormente, foi quando passeávamos pela estrada que liga Canela, Rio Grande do Sul, ao *camping* onde estávamos hospedados. No caminho Djani viu uma placa dizendo: "Aqui existe a árvore mais velha do Brasil, com setecentos anos de idade." Ela quis parar imediatamente e as crianças também. Parei o carro na beira da estrada e tomamos um caminho aberto a facão. Andamos uns duzentos metros por dentro da mata. Qual não foi o nosso susto quando de repente surgiu à nossa frente uma fabulosa araucária. As crianças ficaram encantadas, mas eu e Djani permanecemos estáticos, admirando a grandeza daquele espetáculo inesperado da árvore, como se lembranças antigas nos absorvessem totalmente. As crianças nos tiraram do transe e quiseram abraçar a frondosa árvore. Mas nós não conseguimos. Saí dali com um sentimento de já ter vivido coisa semelhante e naquela noite tive vários sonhos, como se fossem *déjà-vu* seguidos. Via-me em tempos antigos entre bons e maus momentos, numa roda interminável de sucessão de fatos perdidos no tempo e que pareciam não ter ligação uns com os outros, envolvendo rituais tribais, guerras, sacrifícios e vaticínios.

Mas, logo meus pensamentos mudaram para outra viagem, quando estávamos acampados num bosque, no meio de uma fazenda *camping* em Santa Catarina. Depois do bosque havia uma lagoa, depois umas dunas e, logo depois, o mar. Era uma linda paisagem. Nossa carreta-barraca ficou armada no meio do bosque, aos pés de enormes araucárias. Numa das noites, houve uma tempestade magnética, quase não chovia, mas os raios, relâmpagos e trovões ricocheteavam por cima das árvores numa cena que jamais será esquecida por mim. Não sentia medo, parecia que estava no meu elemento. Eu adorava tudo aquilo, Agora sabia muito bem porquê.

De repente, meu olhar voltou-se para a estante de livros e apenas um livro sobressaía: *O livro egípcio dos mortos*, de Budge. Que força seria aquela que parecia dirigir meus pensamentos? Levantei-me da poltrona confortável, fui até a estante, retirei o livro e o abri:

> *Salve deus Temu, dá-me o doce sopro que habita as tuas narinas! Sou o Ovo que está Quenquenur, o Grande Palrador, e vejo e guardo a coisa poderosa que tomou forma, que tomou forma e com a qual o deus Seb abriu a terra. Vivo; e ela vive; envelheço, vivo e farejo o ar. Sou o deus Utchaabet, o deus que experimenta a hostilidade, e giro atrás para proteger o ovo. Brilho no momento de Horo, o poderoso deus Suti, cuja força duplica. Salve, o tu que fazes as estações das tuas terras, ó tu que assistes no meio da comida celestial, ó tu que assistes nas alturas cerúleas do céu, vigia o infante que mora em seu berço quando sai ao teu encontro.*

Ao mesmo tempo eu via um sacerdote. Ele vestia uma roupagem branca e segurava um ovo de avestruz, na mão direita, uma vela, símbolo do ar e da luz, recitando a prédica diante de um homem morto, cujo corpo estava ornamentado. Eu era aquele sacerdote. Foi quando, como numa tela de vídeo, páginas e mais páginas de escrita egípcia passassem sob as minhas vistas. Eram ensinos que davam condições aos iniciados de alcançarem a visão psicoscópica capaz de devassar o passado, o presente e o futuro de quem estava sendo interrogado, principalmente se era inimigo do faraó. Uma voz orientadora ressoou-me no ouvido direito:

*"Nesta atual reencarnação você foi integrado aos seus colegas de ontem para o vasculhamento das mentes doentes, com a finalidade única de conduzi--las à paz e não à morte, como antes. Aproveita bem a oportunidade."*

Antes que perdesse totalmente o sono, retirei-me para o leito meditativo, querendo digerir tudo o que havia acontecido no meu campo de referência mental. Elevei o pensamento numa sincera prece e agradeci a Deus essa nova chance de me redimir diante de suas leis sagradas.

Nessa noite meus sonhos foram confusos. Assistia, em situações diversas, a um filme, reunindo várias de minhas encarnações. As imagens se sucediam em minha mente, que procurava a estabilidade. Acordei na manhã seguinte, cansado, como se tivesse realizado uma grande viagem. Realmente, viajei pelo meu passado. Descortinei segredos que nem podia imaginar sobre mim mesmo. Pensei, meditando:

– Por que fiz tudo isso? Poderia ser tudo mais simples. Parece que segui o caminho mais pedregoso e cheio de percalços.

Quando pressenti o meu próprio futuro, via-me escolhendo um caminho melhor, cheio de realizações, enriquecendo minha alma e fazendo parte de uma tarefa anônima de recuperação de muitos corações aos quais eu devia muito por não tê-los encaminhado para o bem, mas incentivado neles o mal, o ódio, planos diabólicos, intrigas, conluios diversos. Como instrumentos de evolução, usaria, não só das possibilidades intelectivas, mas também todos os meus poderes psíquicos que estava recuperando com a minha dedicação e devoção aos necessitados do espírito. O recomeço estava naquele laboratório da dra. Jônia.

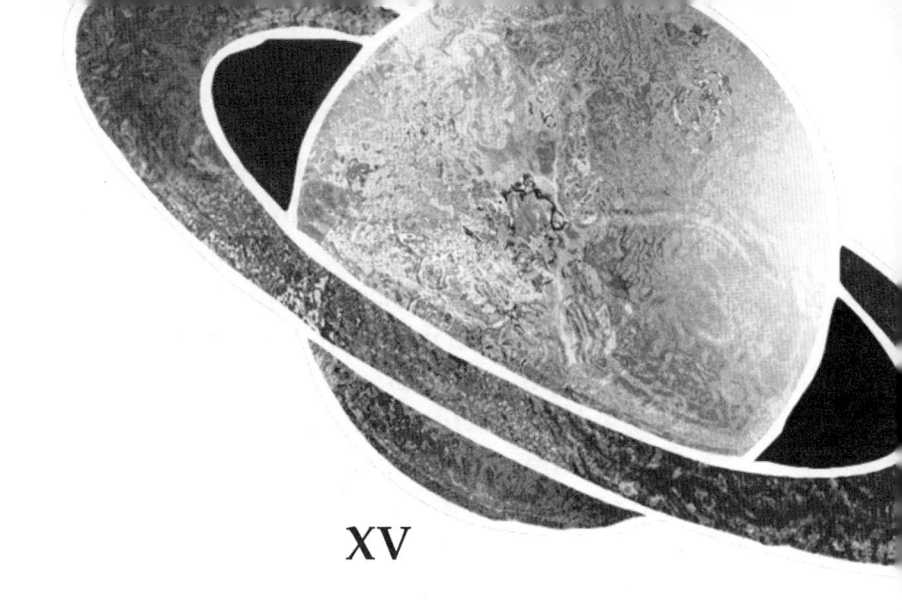

# XV

O jovem Guimarães teve uma melhora considerável e pôde voltar para casa, embora continuasse em observação. Em casa ele continuou muito ensimesmado e insulou-se em seu quarto. Uma nova sintomatologia começou a surgir, dando preocupação à família. Quando saía do seu quarto, ele demonstrava verdadeiro ódio contra o seu próprio irmão e contra seu pai, que descarregava na forma de agressões. Numa dessas, lançou um objeto no pai, ferindo-o, e depois entrou em luta corporal, machucando-o mais ainda. Depois voltou a insular-se; saía de vez em quando, ia para a rua e voltava cheio de bugigangas, latas velhas, papelão rasgado, outros objetos como papel sem nenhum valor, senão lixo, e levava-os para o seu quarto, dizendo serem documentos.

Quando o nome dele foi citado na sessão experimental da Clínica, todos nós, que já estávamos entrosados com ele, começamos a perceber essa sua nova fase e as suas causas. Maria Genara percebeu uma época antes das grandes descobertas marítimas dos portugueses, talvez final do século XV. Ela via um castelo às margens do rio Loire, era uma construção portentosa da época da Renascença. Ali vivia uma família da nobreza, composta pela mãe, pai, filha e filho.

– Mas, espera – disse dona Maria Genara –, há uma figura estranha, um vulto negro, não vejo bem...

– É um padre, o padre confessor da família.

– Isso mesmo – retomou dona Maria.

Dona Divani pediu a palavra e esclareceu mais:

– A mocinha está noiva, prometida para um senhor. Vejo uma espécie de juiz mau, julga as pessoas que lhe são conduzidas ao tribunal e mais parece o próprio carrasco. Não é rico, pois é um perdulário, gasta tudo com mulheres estranhas e com viagens duvidosas, talvez contrabando. Tem muito a ver com grupos piratas. Ele morre de amores pela mocinha do castelo.

Foi quando percebi toda a trama. Ia tudo bem, quando chegou no vale um jovem nobre e rico, muito rico, que por sua vez encantou-se também com a mocinha. Fez contatos com a família e, sabendo que ela estava prometida, recorreu ao padre. Este por sua vez assumiu as dores do jovem nobre e começou a assediar a mãe e a própria mocinha para convencê-las das vantagens de um casamento com o nobre. O irmão da moça também foi contatado e entrou no plano de tirar o juiz da frente da moça.

O juiz chegava para visitar sua prometida e sempre encontrava uma desculpa, e passou a ver a moça poucas vezes. Desconfiou de alguma coisa e começou a investigar. Seus comandados descobriram a presença do jovem nobre e uma parte da trama, já envolvendo a corte para o afastamento do juiz, que não teve dúvidas: se a jovem não fosse dele, não seria de mais ninguém. Tramou para encontrar-se a sós com a jovem. Certa noite, conhecedor de alguns segredos e entradas secretas do castelo, o juiz entrou às escondidas e procurou a jovem para uma conversa definitiva. Ela assustou-se com sua presença, mas assentiu em segui-lo até a torre, onde poderiam conversar. Ela já estava cheia de dúvidas quanto ao juiz, pois já havia sido envenenada com as falácias do padre, da mãe e do irmão. De qualquer forma, ela não podia fazer muito, pois os pais é que escolhiam o noivo, dotes e outras coisas dos costumes da época. Conversando com ela, no alto da torre, ele pressentiu que ela estava com certo medo dele e que ela não lhe seria entregue em casamento. Como ele era forte, homem de grande vigor, não foi difícil, no acesso de raiva, suspender a moça acima de sua cabeça e jogá-la da torre.

Saiu do castelo como havia entrado, sem que ninguém o notasse. A moça só foi descoberta na manhã seguinte, morta sobre os canteiros verdes que havia debaixo da torre. Ninguém sabia o que poderia ter acontecido, senão que a jovem teria se suicidado. O sofrimento da família foi grande e o juiz sentia-se vingado e ao mesmo tempo usava seus talentos para o fingimento e a dissimulação.

Dona Genecy, tomando a palavra, esclareceu mais: o juiz é o nosso garoto Guimarães, o padre é o pai atual do Guimarães, a mãe da moça do castelo é a mãe do Guimarães, o irmão da moça é, hoje, também, o irmão do Guimarães, e a moça é a própria irmã do Guimarães. Mas ela não tem mais a ver com o caso agora, está presente ali por contingências reencarnatórias, mas não tem participado muito de tudo isso. É bom prestarmos atenção para que saibamos as vinculações dos parentes que sofrem juntos com o paciente. Este está muito mais preocupado em se defender das cenas e dos obsessores, não havendo tempo para filosofar acerca de seu próprio sofrimento. Em alguns momentos de lucidez, ele é capaz de se sentir numa espécie de inferno.

As lembranças vieram fortes na cabeça do Guimarães e ele entrou em crise, quebrando móveis e querendo atingir a mãe, o pai e o irmão. Foi trazido às pressas para a clínica e colocado em camisa de força. Destilava ódio, ao mesmo tempo em que gritava:

– Larguem-me, larguem-me. Deixem-me em paz, miseráveis. Eu os matei e os matarei de novo...

Depois, como vivesse outras cenas, devido às aproximações do espírito Filipo, quando se aproximavam entidades sensuais e buscavam lhe tocar as partes pudendas, numa tentativa de uma carícia grosseira. Nós os médiuns percebíamos a intenção e a fuga de Guimarães para se desvencilhar deles. Recolhia-se em si mesmo e ficava muito encolhido num canto da cela. Uma injeção narcotizante foi-lhe aplicada e ele relutava em dormir, gritando, gritando... Eu e Maria Genara, que estávamos presentes no momento em que ele se debatia e era assistido com medicamentos, sem sucesso aparente, avançamos e estendemos nossas mãos na direção de sua cabeça, enquanto dona Maria Genara proferiu sentida prece, solicitando ajuda espiritual na magnetização do paciente. Ao terminarmos o passe, Guimarães estava dormindo profundamente, num transe farmacógeno, possibilitado pela energia revigorante do passe, num magnetismo que agiu defendendo o sistema nervoso do paciente e afastando os espíritos obsessores que o assediavam e o excitavam, a tal ponto de impedir que os medicamentos atuassem. Vendo aquela cena fantástica, de luzes espirituais clareando todo o ambiente, os obsessores perderam o Guimarães de vista. Os espíritos enfermeiros da instituição providenciaram energias tranquilizantes e ampararam o espírito do jovem Guimarães fora do corpo. Não pudemos impedir que caíssem algumas lágrimas de reconhecimento ao Pai Eterno, por tão grande misericórdia, mesmo em relação a um terrível criminoso perante as suas leis.

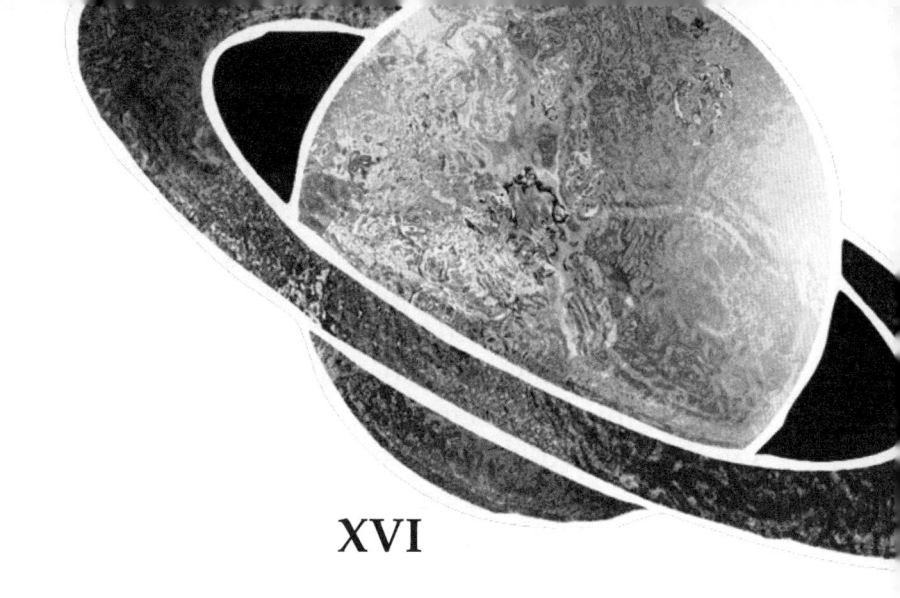

# XVI

O jovem Guimarães continuaria internado durante alguns dias, para seu refazimento orgânico e psíquico. Enquanto isso, semanalmente, o grupo mediúnico cuidava de outros casos, de outros doentes, sempre procurando devassar seus psiquismos culpados e ou traumatizados nessa ou em outras existências. O vasculhamento psíquico funcionava a contento, o grupo de medianeiros era bem treinado e nele reinava o sentimento de realizar o bem associado a alto grau de religiosidade, dentro dos recursos que a fé raciocinada espírita pode oferecer.

Nos trabalhos medianímicos normais e gerais, havia um momento que era dedicado à sustentação e apoio espiritual à clínica, em todos os seus departamentos, favorecendo os doentes e todos os funcionários. A base de proteção era sempre reforçada. A rede magnética de proteção, que os médiuns videntes descreviam como uma espécie de cone de luz, era mantida com recursos energéticos vindos de mais alto do que se pode imaginar.

Equipes de espíritos vigilantes estavam sempre utilizando mecanismos de proteção ainda desconhecidos para nós e, às vezes, utilizavam-se de algum tipo de armas que funcionavam, umas à guisa de 'lança-chamas', outras lançavam dardos magnéticos que causavam sensações paralisantes nos espíritos malfeitores que queriam invadir o recinto à força ou mesmo sorrateiramente. O 'lança-chamas' servia também para queimar resíduos viscosos e enegrecidos, como uma espécie de lama psíquica, formados a partir das mentes dos pacientes encarnados e desencarnados que eram amparados na clínica. Essa ação defensiva e de capacidade antisséptica era uma constante e fazia parte da rotina.

Muitas vezes, o ambiente parecia perigar, causando mal-estar nos médiuns mais sensíveis, tal o montante de energia negativa acumulada. Nestes casos, além dos serviços de assepsia normal da clínica, os espíritos colocavam em funcionamento certos aparelhos de grande potencial psicoeletromagnético, que, como se estivessem semimaterializados, conseguiam condensar o oxigênio do ar em ozônio, que tem grande capacidade microbicida. Nos dias de reunião mediúnica, uma equipe de espíritos especialistas, com capacidade mental de agir com eficiência, magnetizava o ar da clínica provocando uma espécie de ionização do ambiente. Essa ionização tem o poder de desagregar, com sua capacidade ionizante, as matérias mentais grosseiras que se formavam, inexoravelmente, nas enfermarias, nos apartamentos, nas celas e até nos corredores.

Os espíritos que atendiam aos serviços de limpeza e asseio, embora intelectualmente menos dotados, eram criaturas boas e se dedicavam aos seus afazeres com amor. Muitos deles, embora de aparência e comportamento de gente muito simples e dadas aos trabalhos básicos, haviam sido reis, nobres, médicos ou pertencentes a muitas outras posições de destaque na sociedade terrena, mas espiritualmente não tinham condições de realizar outro serviço a não ser aquele, justamente por não terem sido capazes de utilizar seus dotes intelectivos para um avanço moral e assim poderem, espiritualmente, suportar as sobrecargas psíquicas de doentes e obsessores. Outros, embora em reencarnações passadas terem sido nababos dos recursos materialistas, haviam reencarnado em condições de completa ignorância e, agora, no plano espiritual, não conseguiam ainda lembrar de suas posses intelectivas de outros tempos. Mas estavam ali depois de serem socorridos por equipes fraternistas do mundo espiritual.

O grupo de enfermeiros espirituais era um dos mais atuantes, pois estavam sempre a postos. Como ocorre nos hospitais humanos, essas equipes funcionavam por turnos e subdividiam-se em subgrupos de enfermeiros e enfermeiras especializados, tais as variantes das afecções mentais abrigadas na clínica: depressões, psicoses, paranoias e esquizofrenias de diversas intensidades e graus de gravidade. Havia a atividade de enfermagem específica para curativos em lesões psíquicas abertas mediante choques e traumas psicológicos, conhecidos pela medicina como *fatores desencadeantes* dos processos dos estados dementes. Essas lesões são como aberturas que possibilitam a formação de canais que permitem a percepção psicótica, formando transes patológicos nos pacientes portadores de doenças mentais.

As equipes de médicos espirituais, sob o comando do espírito Benedito Menezes, revezavam-se continuamente no atendimento aos diversos pacientes internados, semi-internados e mesmo a domicílio, num serviço completo de medicina espiritual. Evidentemente, os recursos que utilizam nem se comparam com as drogas tranquilizantes, antidepressivas, narcotizantes, ou qualquer outra de ação psíquica utilizadas na medicina terrestre. Esses médicos possuem um conhecimento invejável sobre a alma humana. Atuam nos processos escondidos do subconsciente, forçando catarses que nunca iriam ser decifradas, nem pelo paciente, nem pelos psicólogos e seus métodos atuais. Na verdade, a dra. Jônia estava conseguindo implantar na Terra uma espécie de ação médica precursora da psiquiatria futura, quando, por sua rara inteligência e percepção, conseguiu transferir do plano espiritual para o terreno as técnicas de vasculhamento psíquico, que, sem as barreiras do cérebro, conseguem devassar o psiquismo doente e tirar dali os *miasmas* mais enraizados.

Os encarnados envolvidos na tarefa de recuperação espiritual dos pacientes, por questões óbvias, tentavam manter-se no mais lídimo comportamento, guardando os corações puros na prece constante, no uso da boa palavra, nos pensamentos dignos, na honestidade, no bem proceder, tentando vencer, cada um, suas próprias barreiras. A tentativa geral era a de ter unicidade comportamental, estivesse onde estivesse, não participando de conversação menos digna, nem do anedotário da moda, nem da maledicência política, nem de qualquer situação de caráter dúbio que tirasse a boa fama de alguém. A boa vontade prevalecia sobre as fraquezas humanas. Todos os assuntos pertinentes ao grupo eram tratados diante de todos, nunca às escondidas, como se houvesse segredos que apenas uns pudessem saber e os outros não. Qualquer dúvida era dirimida nas conversas gerais, nos momentos próprios. O pensamento de todos era o de melhor atender aos doentes, num só propósito, numa unidade de serviço que formava um campo psíquico tão integrado que por diversas vezes nos apanhávamos lendo o pensamento do outro, mesmo que nenhuma palavra fosse articulada. Dra. Jônia sabia muito bem manipular esse campo de forças, fazendo com que os nossos pensamentos entrassem numa espécie de *transe canalizado,* objetivando as diversas questões propostas nas reuniões.

Numa ação global, a clínica mantinha, a esse tempo, uma atividade que não envolvia apenas o paciente, mas os seus familiares e todos os encarnados e desencarnados que de alguma forma estavam envolvidos. Muitos eram os corações apaziguados e capazes de prosseguir sozinhos pela vida, após as preces do nosso grupo.

No ponto desta narrativa, a clínica aceitava outros pacientes e dava alta a alguns; a vida continuava. Foi justamente quando minha Djani apresentou uma recaída. Algo havia acontecido fora do meu controle e que ela, já um tanto fragilizada, deixou-se escorregar em pensamentos depressivos, alimentando-os até que não mais pôde fazer a volta à normalidade sozinha. Pedi ajuda imediata à dra. Jônia, que incluiu o seu nome na reunião da semana seguinte.

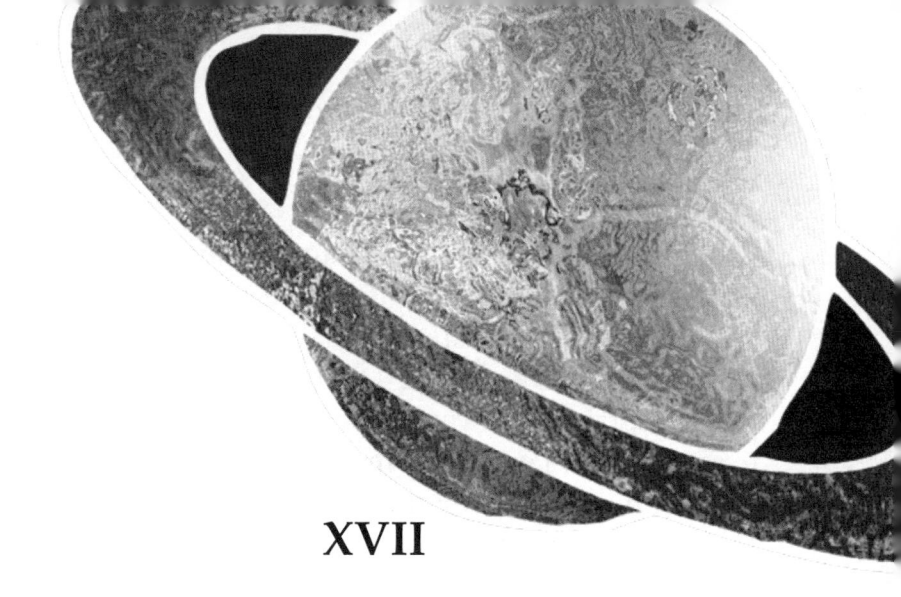

# XVII

Logo no início da reunião desta semana, dra. Jônia leu o nome de minha esposa, Djani, para que todos pudessem vibrar em seu benefício, atendendo ao seu estado de depressão que voltava com toda a força e a limitava em seus afazeres, causando-me enorme prejuízo energético, tendo em vista que as forças de um casal estão conjugadas e entrelaçadas de modo inexorável.

À mente treinada de Martins Estêvão, surgiram figuras femininas, quais sílfides, que pululavam e apontavam para Djani. Estavam participando do campo psíquico dela como uma espécie de serviçais que dependem de uma governanta.

– Esses espíritos não são propriamente maus – disse Martins –, mas são serviçais que a obedeciam e que agora a encontraram mediante os pensamentos que dona Djani vem alimentando, como se recordasse de seus tempos de sacerdotisa – médium, cujo domínio psíquico alcançava encarnados e desencarnados; ciência que aprendeu com seu preceptor e marido em épocas remotas, o sacerdote Zinek, que hoje é você, caro amigo Heraldo.

Pedindo a palavra, a médium Divani, com o semblante um tanto preocupado, disse, por sua vez:

– Mas elas não estão apenas presentes no campo de influência mental da Djani. Elas absorvem suas energias, tais como vampiros fazem com suas presas, exaurindo-as, fazendo com que os pensamentos permaneçam viciados, mantendo o estado do transe patológico que costumamos chamar de depressão.

Nesse palavreado, víamos perfeitamente que era um médico espiritual que dava as explicações pela psicofonia de Divani. Foi quando dra. Jônia perguntou, de modo oportuno:

– Como remediar a situação, que nos parece provir de ligações cármicas entre este grupo de almas?

O espírito, médico especialista nos estados depressivos da mente, foi bastante claro:

– É necessário que a própria paciente consiga trabalhar para reverter o quadro. É evidente que podemos intervir, mas isso não levaria ao crescimento espiritual da paciente. Contamos com o nosso estimado Heraldo para ajudá-la de modo eficaz. A paciente deve alterar o seu quadro mental e, mediante o seu esforço, faremos a nossa parte na recuperação desses espíritos obsessores. Em regime de urgência, deve ser feito o seguinte. E prescreveu a orientação:

*"1 – Tomar água fluidificada três vezes ao dia; 2 – passes duas vezes na semana; 3 – todos os dias, à noite, fazer uma pequena leitura do* Evangelho, *de preferên-*

*cia sobre as lições do livro* O evangelho segundo o espiritismo; *meditar no conteúdo lido até que haja um sentimento de quietude, sem nenhuma inquietação; nesse instante proferir uma prece, solicitando a Deus proteção e harmonizando com os espíritos protetores."*

Desde aquele dia, comecei a juntar-me a Djani na hora do recolhimento ao leito e, por alguns minutos, líamos o *Evangelho*, meditávamos e orávamos, de modo sincero, aguardando que nossas percepções alcançassem as movimentações energéticas especificadas para a emissão da prece. Eu via e ela sentia a presença de amigos espirituais sinceros. Em uma semana, ela estava recuperada e de espírito renovado. Vimos que as ligações espirituais com as feiticeiras antigas continuavam, mas eram afastadas para que Djani pudesse crescer e ter condições de recuperá-las depois.

Nossas vidas continuaram, sob o amparo de abnegados amigos espirituais que estavam conosco, tanto familiarmente quanto nas tarefas que desenvolvíamos. Djani começou a interessar-se pelos menos favorecidos da clínica e de algum modo dava a sua colaboração, absorvendo ao mesmo tempo as emanações positivas que circundavam o ambiente. Pouco a pouco, novos trabalhadores iam chegando e o quadro de voluntários e funcionários aumentava, numa bênção que nem antes podíamos ter imaginado.

Nessa época foi trazido para a clínica um rapaz completamente paralisado, com a musculatura miastênica, magro e sem nenhuma ação, embora não estivesse em estado catatônico. Foi para a clínica porque não havia hospital de referência para recebê-lo e estava sem diagnóstico. O seu nome foi imediatamente considerado para a reunião de varredura medianímica, enquanto os médicos procuravam um diagnóstico compatível.

Seu Barcelos, o pai do jovem Jeremias Barcelos, nos informou que ele estava assim há algum tempo e que o diagnóstico era difícil, mas que seu filho, de quatorze anos, era uma criatura má, perversa, maltratava os animais e os outros garotos menores com requintes de perversidade, até que caiu na cama.

Assim que seu nome foi considerado na reunião experimental, a médium Rosalva percebeu a proveniência daquele espírito em severas provações, prisioneiro do corpo quase inerte: ele também, nos tempos bem antigos, viera de Zunik com o grupo malvado de Zilk. Havia sido o ordenança de Zilk e estava ali atraído pela presença do antigo chefe, a quem obedecia cegamente e com muito gosto dilacerava suas vítimas com requintes de crueldade, tendo prazer em ver o sofrimento delas, fossem mulheres, velhos, crianças ou homens. Acompanhou Zilk por diversas encarnações, sempre com requintado grau de impiedade, e agora estava sob o domínio de suas vítimas, desde que perdeu contato com Zilk, há alguns séculos.

Martins Estêvão acrescentou que ele estava ligado ao jovem Guimarães há muito tempo e só agora havia sido desligado, através dos recursos da reencarnação, para alívio deles mesmos. Deviam ser tratados de modo separado, pois de agora em diante iriam permanecer separados para que não agravassem mais as brutalidades que os dois induziam, um ao outro, de praticarem, por ordem de um e pelo desejo de outro. O peso específico de seus perispíritos ficara demasiado denso para agirem mais livremente e então caíram nas mãos das antigas vítimas, agora vingadoras em potencial. Era um novo caso a ser tratado e uma nova e árdua tarefa a ser considerada.

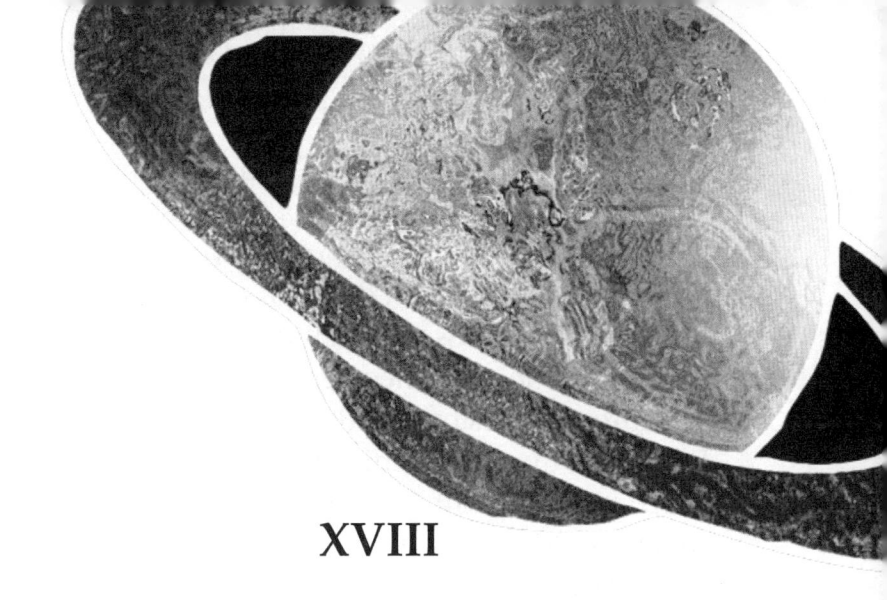

# XVIII

O caso de Jeremias Barcelos começou a ser lembrado em todas as reuniões. Até que um dia, dra. Jônia, que havia chegado de São Paulo, trouxe um diagnóstico seguro para ele: era a *síndrome de Wilson*, uma doença provocada por acúmulo do íon cobre no sistema nervoso, com ação miastênica grave. Foi usado logo de imediato o preparado homeopático *Cuprum*, sem êxito aparente, mas, durante o tratamento espiritual, os médiuns notificaram situações por demais interessantes para o nosso aprendizado, sem contudo nenhum êxito para com o enfermo.

Passes eram dados diariamente, água fluidificada era ministrada três vezes ao dia, além dos medicamentos alopáticos de escolha e das massagens passivas, ministradas por fisioterapeuta competente. Nada surtia efeito. As reuniões eram semanais.

Divani, examinando detidamente o ambiente do apartamento do paciente, via espíritos de todos os tipos aboletados na cama, no armário, sentados nas cadeiras, debaixo da cama, atrás da porta, olhando pela janela, eram como nuvem de testemunhas como está escrito na carta do apóstolo Paulo.[3] Quanto mais evocávamos esses espíritos, mais eles surgiam de todos os lados, de modo que passou a ser impossível tentar doutrinar a todos. Um deles, incorporado em Genecy, gritava por socorro:

– Segurem-me, estou afundando, estou afundando...

Por mais que dra. Jônia o tentasse segurar, ele afundou no chão, indo para regiões mais profundas da crosta, onde estão situadas as cavernas de horrores que abrigam os perversos impenitentes. Outros diziam que nada que fizéssemos iria adiantar, pois que Jeremias era um deles, fazia parte do grupo e estavam se alimentando dele, de seus fluidos vitais, para sentirem-se vivos. Ao mesmo tempo, vingavam-se, pois muitos haviam sido torturados por ele bem devagar para que morressem à míngua. Ele merecia tudo aquilo e tinham ordens superiores para agir. Não devíamos interferir, senão iríamos receber a nossa parte.

É claro que isso não nos intimidava.

Durante o passe, dona Maria Genara viu uma coisa horrível. Ela percebeu que, sobre a região gástrica (plexo solar) do Jeremias, havia como que uma posta enorme de carne viva, que respirava e estava colada a ele. Aquela posta era formada por formas ovoides sugadoras, verdadeiros sanguessugas, que absorviam todas as energias vitais do rapaz e mais aquelas que ele recebia do passe.

Não houve melhoras e o jovem Jeremias permanecia sempre de boca aberta e era alimentado por ali, às colheradas. Não houve como reverter aquele dolo-

---

[3] Hb 12-1.

roso quadro, que acompanhamos durante seis longos meses. A clínica o enviou para um centro maior para alcançar melhores recursos e logo depois recebemos notícias de que ele havia falecido, pois o alimento havia penetrado em seus pulmões, provocando, em seguida, um quadro de infecção pulmonar irreversível.

Outros pacientes bem estranhos chegaram à clínica naqueles dias. Uma jovem deu entrada completamente catatônica. Nas preces por ela, seu Waldomiro recebeu uma entidade enfurecida que dizia que nada poderíamos fazer, pois que ele tomaria providências e sugeria que nos mantivéssemos afastados do caso da srta. Anália Ribeiro. Tomaria providências para que nunca mais a víssemos.

Percebi, de minha parte, que, para tratar com aquele tipo de espírito dominador, hipnotizador e perverso, havia necessidade de grande humildade, lembrando que Jesus havia dito: *para esse tipo de espírito só com jejum e oração.* Divani predisse que esse espírito tomaria providências para retirar a jovem da clínica e que ela estava ligada ao grupo de Zilk; era uma de suas ordenanças macabras, que providenciava, durante várias reencarnações, a morte de inimigos, após traições e envenenamentos com drogas paralisantes.

Qual não foi a nossa surpresa quando, no outro dia, não encontramos mais a moça no hospital. Apareceu um parente, um tio da moça de uma região distante do estado, e a levou sem dizer o destino dela.

O espírito Menezes nos consolou, dizendo que nem em todos os casos nós teríamos sucesso no atendimento, visto que cada situação tem o seu momento exato para agir com mais eficiência, e o momento para o resgaste daquele espírito ainda não havia chegado. Havia ainda muitos espíritos ligados ao grupo de vândalos de Zilk para ajudar, embora outros ainda não pudessem registrar qualquer tipo de auxílio. Era preciso dar tempo ao tempo.

Mal sabíamos nós que outra crise abalaria o espírito do jovem Guimarães e que muito trabalho nos esperava pela frente. Mas uma coisa estava certa, Guimarães melhorava a olhos vistos, tantas as catarses psíquicas realizadas com ele. Acabaria por obter uma melhora relativa, conseguindo, não nesta, mas em outra encarnação adiante, avançar uns pontos no equilíbrio consciencial.

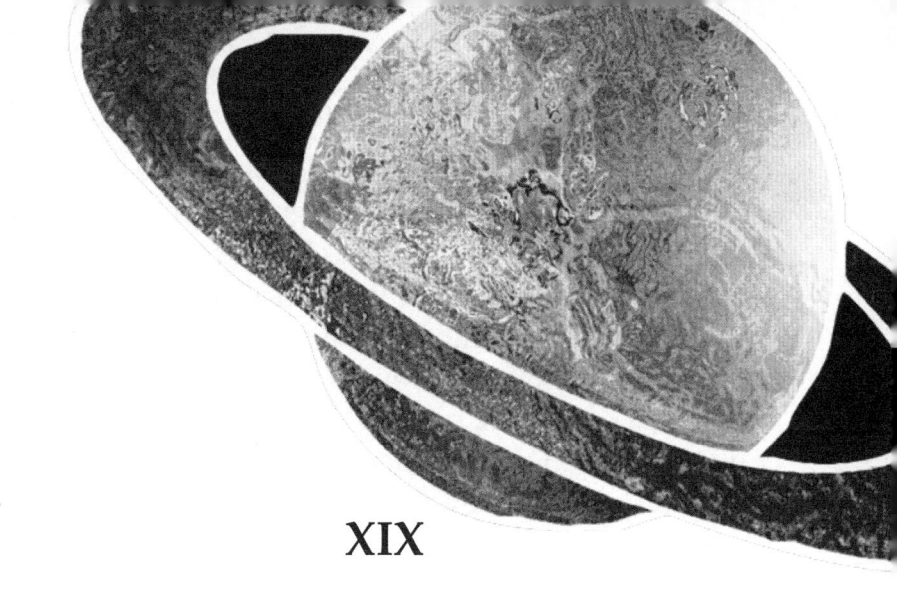

# XIX

Tivemos que ir até a casa do Guimarães, pois seus pais solicitavam ajuda, visto que ele estava insulado em seu quarto e não queria muita conversa com ninguém. Chegamos lá num sábado pela manhã. Comigo estavam Maria Genara e Martins Estevão. Entramos numa sala de visita bem mobiliada e uma senhora veio nos atender, dizendo que o marido já nos receberia. Era dona Agostinha. Seu Altamiro chegou logo em seguida, ele estava em sua oficina. Sentamo-nos nas poltronas da sala e conversamos sobre a situação do rapaz. Os pais reclamaram que ele estava numa fase de rebeldia, principalmente contra o pai, e que, com ela, dona Agostinha, conversava bem, mas às vezes a machucava, como se nada estivesse fazendo, por exemplo, enfiando a ponta da caneta em seu braço ou apertando-lhe a mão mais do que devia. O irmão nem podia dar palpite perto dele, pois seria briga na certa. A irmã casou-se e havia mudado para outra capital, com isso, não vivenciava diretamente o drama familiar.

Aproveitamos para fazer um breve estudo do *Evangelho* no lar e para fluidificar a água, prometendo que tentaríamos mais algumas vezes intervir com preces, na tentativa de acalmar o jovem. Conversamos ainda sobre outras coisas, como o passado do jovem, como ele já estava bem melhor e prometia melhorar ainda mais.

Após o encontro, relatamos tudo para a dra. Jônia, que incluiu o jovem Guimarães novamente na lista de pacientes a serem atendidos na reunião. Quando chegou o momento de nossas preces por ele, irradiamos os nossos pensamentos em conjunto, vasculhando a sua mente, e fomos, pouco a pouco, descobrindo essa nova etapa do comportamento do jovem esquizofrênico.

Maria Genara relatou que, ao entrar na casa do jovem, viu-se num ambiente inglês do início do século XIX, na Inglaterra. O jovem estava trancado em seu quarto. A médium, numa visão anagnóstica, viu-o todo vestido como um general inglês, com pose de lorde, senhor da guerra, com olhar orgulhoso e cismarento, como se estivesse vendo alhures cenas que ninguém mais via e reconhecendo-se nelas: ora chorava, ora sorria, e prometia vingança.

Seu Waldomiro, disse:

– Vejo-o voltando das batalhas – eram as guerras napoleônicas – voltava para a Inglaterra. Desta vez estava triunfante, um general triunfante na frente de seus exércitos. Encaminhou-se para Londres e foi se encontrar na corte com o rei Jorge III, quando foi condecorado e recebeu o título de lorde, sua aposentadoria, novas terras e patrimônios diversos. Parece ser o ano 1815.

Genecy salientou, triste:

– É, mas parece que vai encontrar muitas tristezas em sua casa, com seus familiares.

– Justamente – aderiu Divani. – Ele volta para casa carregado de glórias e trazendo presentes para o casamento de sua filha...

De minha parte, comecei a sentir-me mal, um mal estar indefinido e uma tristeza lacônica:

– Ele chegou em casa, mas encontrou uma certa tristeza no olhar de sua filha querida. Ficou apenas cismarento, mas deixou qualquer conversa para depois. Sua mulher o recebeu com uma falsa alegria e seus dois filhos bonachões também. O noivo da filha já se encontrava na herdade e ali permanecia por vontade da mulher do general, que, por sinal, fazia questão disso.

A mocinha triste esperou apenas que o pai se acomodasse, deixando que os preparativos do casamento continuassem normalmente, e procurou-o à noite, na frente da lareira, onde o general costumava pensar, repassando suas batalhas, remoendo seus crimes de guerra e justificando-os para si mesmo. Ele também se preocupava com certas notícias que havia recebido na cidade a respeito de seus filhos.

– *My lord, my daddy*, é necessário lhe falar agora..

– Sim minha filha, diga-me primeiro o que a tem feito triste? Seus olhos nunca mentiram para mim. Peça qualquer coisa e eu a alegrarei, nem que tenha que usar a minha espada.

– Tenho medo até do que vou dizer.

– Nada receies, pois agora eu estou aqui ao teu lado.

– Não sei o que fazer. Edward, meu noivo...

– O que tem? Ele a magoou?

– Muito... Encontrei-o de amores com mamãe, como amantes... Que faço agora? Que faço? Meu casamento está prestes a acontecer e aquelas cenas de amor entre os dois, por mais de uma vez, estão em minha consciência... Não posso casar com ele. Não posso.

– O que? Estás louca? Como pode ser isso?

Eu parecia o próprio general incorporado.

– Matarei os dois desgraçados na ponta de meu sabre e os degolarei na frente de todos... Esses desavergonhados...

– Não faça assim, *dad*, ela é a minha mãe e não sujes as tuas mãos com sangue ingrato.

– Isso mesmo! Amanhã tomarei providências e, você não se preocupe, não haverá mais casamento. Eu mesmo cuidarei que haja um bom partido na corte e você será feliz.

No outro dia, chamou todos os envolvidos: a mulher, o noivo, os dois filhos, menos a filha, que mandou que ficasse em seus aposentos.

– Vocês dois – voltando-se para os filhos –, na corte fiquei sabendo da desonra que fizeram com meu nome, com suas estrepolias de mandriões, inveterados bêbados e viciados em jogos de azar. Tive que cobrir enormes somas de libras que vocês deviam a credores agiotas, além do que perderam em jogos irresponsáveis, tudo isso enquanto eu lutava pela Inglaterra. Saiam de meus domínios! Vocês estão deserdados! Não quero vê-los mais por aqui! Fora!

Chamou a guarda e mandou que os expulsassem sumariamente, enquanto a mãe quis intervir e não conseguiu:

– Fica quieta que vai chegar a tua vez, mulher infiel.

Após a saída forçada dos dois, o general voltou-se para sua mulher e o jovem noivo de sua filha, dizendo:

– Vocês dois foram descobertos no adultério contra mim e isso eu não posso aceitar. Devia matá-los aqui mesmo – puxou a espada –, mas não vou fazê-lo por causa de Ana, nossa filha. Você, mulher infiel, ficará presa nos aposentos da ala de trás do castelo e não quero vê-la mais na minha frente e nunca mais irei visitá-la. Quanto a você, jovem incauto, serás castigado com a chibata para os infames e nunca mais deverá ser visto por aqui. Farei com que tua própria família se envergonhe de ti. Ordenanças, cumpram as ordens.

Depois disso, sentou-se na sua poltrona e continuou cismarento. Não tinha cabeça para mais nada, apenas ódio. A lembrança de sua filha querida era o seu alento. O tempo passou.

Os seus dois filhos e o noivo surrado encontraram-se fora dos limites do castelo, permaneceram ali por algum tempo e depois demandaram Londres para maquinações diabólicas com relação ao general. Conseguiram contatar a prisioneira do castelo através de uns servos comprados com moedas de ouro e combinaram a época certa em que se vingariam do general e tomariam posse das propriedades.

Ana casou-se com um jovem nobre frequentador da corte e passou a viver na capital, enquanto o general passava sua vida administrando suas posses, pois gostava muito de cavalos e fazia a fazenda prosperar. Numa de suas corridas pelos campos, sofreu uma emboscada e levou um tiro certeiro no coração. A questão estava resolvida na aparência do mundo, sem que os assassinos soubessem que haveriam de pagar duramente o fato de terem atentado contra o poderoso e odiento Zilk, que, ao se ver no plano espiritual, juntou--se a sua horda de horrores e começou a providenciar vingança eficaz e duradoura.

Dra. Jônia, juntando as peças, disse:

– Então, o Guimarães é o general; o pai dele é o noivo da filha; e a mãe é a mulher do general?

– Sim. É o que parece!

– E a filha do general?

– É a filha do casal Guimarães e irmã do jovem Guimarães, só que se casou e se mantém afastada de todos esses problemas.

Martins Estêvão, entendendo tudo, aventurou:

– É por isso que ele nem liga para o pai, trata-o como um ser insignificante e às vezes maltrata a mãe. Está explicado. Mas, e os irmãos?

Dra. Jônia pediu silêncio e solicitou que nova prece fosse proferida em direção àquela família, que precisava de paz e harmonia para viver. Depois da prece, o orientador espiritual esclareceu para a diretora que os irmãos se encontravam envolvidos em outras tramas e desta vez não estavam ligados pelos laços de sangue com o Guimarães.

Desse dia em diante, o caso do Guimarães foi considerado momentaneamente encerrado, porque ele se tornou mais calmo e capaz de viver em casa, mesmo no seu insulamento voluntário. Pensamos que a nossa parte estava completada, o que ainda era um grande engano nosso.

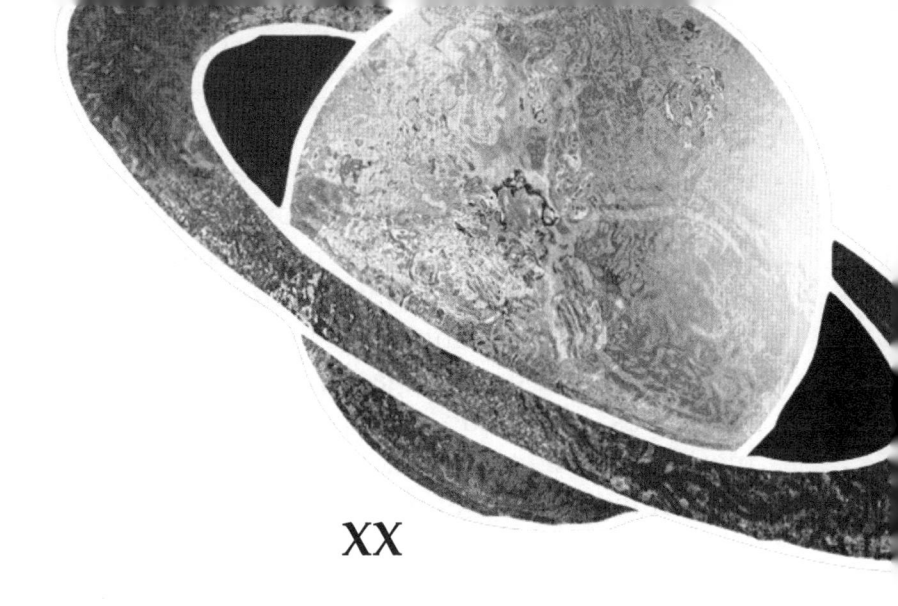

# XX

Novo revés a vida me aprontou, quando Djani piorou de repente em crises de pânico, próximo ao dia que seria o do aniversário de nosso falecido filho Edvaldo. Ela estava com medo, um medo horroroso. Acreditava que todos os alimentos estavam envenenados. Tudo o que havia com aparência de ter-se acalmado surgiu como um vulcão em nossas vidas. Ficou claro para mim que novas lutas haviam começado. Voltei com o caso de minha esposa para a dra. Jônia e ela aconselhou os remédios indicados para normalizar os neurotransmissores e que o nome dela voltasse para as reuniões, a fim de que pudéssemos trabalhar na sincronia neural, permitindo assim que os medicamentos fossem mais eficientes.

Logo na primeira oportunidade, a vida psíquica de Djani e a minha, é claro, foram expostas num passado ruidoso, misturando as esquisitices do jovem Guimarães, ex-Zild, às atividades de Zinek, o sacerdote. O medo que Djani sentia, já sendo classificado como síndrome do pânico, vinha de um passado bem distante, quando ela, após ter aprendido com Zinek os segredos da vida psíquica, começou ela mesma a tornar-se uma sacerdotisa influente, sempre que reencarnava com as possibilidades medianímicas em expansão.

Para ela foi uma longa experiência de várias encarnações, utilizando seus poderes para instruir os mandatários e orientar os momentos mais propícios aos crimes; assim o dinheiro vinha de modo mais fácil. Isso lhe acarretou participar de cenas terríveis que agora voltavam para atormentar-lhe a mente, através de canais psíquicos abertos pelos fatores desencadeantes relacionados ao seu passado. Por cumplicidade, quase sempre eu estava presente, pois ela era uma alma muito achegada à minha, mas ainda não fortalecida pelos caminhos da caridade.

Divani, num momento de transe, a viu extremamente cuidadosa, preparando uma espécie de veneno, à base de arsênico, numa reencarnação sua como feiticeira cigana. Ela já possuía o organismo resistente ao veneno em doses mortais. Atraía, sob contrato de morte a vítima e tomava vinho de 'saideira', envenenando-se junto com a vítima, de tal modo que ela não morria logo, dava tempo para uma lavagem gástrica, tomando dois a três copos de água morna, mas a vítima começava a sentir a ação do veneno quando já estava longe de sua residência, com lesões hepáticas, neurites e depressão da medula óssea. Não havia suspeita de nada em relação a ela, mas as cenas estavam gravadas inexoravelmente em seu espírito culpado.

O médium Waldomiro percebeu que na mente de Djani chegavam vibrações mentais ruins e, ao mesmo tempo, ela emitia sentimento de medo, mas disse:

– Esse medo não parece vir apenas das cenas que voltam à sua mente, pois que essas cenas estão nela mesma; são emissões que chegam de longe.

A médium Maria Genara pegou o fio da meada e disse:

– Percebo que são pensamentos de suas vítimas, de seus cúmplices, encarnados e desencarnados, que a procuravam e agora acham que podem encontrá-la. Servem-se do rastro psíquico que ela abriu, quando entrou nesse estado depressivo. E são muitos; estão cada vez mais perto. Caso não seja feita alguma coisa, eles a acharão e o estado mental dela evoluirá para pior, talvez uma esquizofrenia irremediável.

Porém, uma voz interna falou-me ao coração prevenido e atento para poder fazer o melhor:

– Ainda há tempo de reverter, mas é preciso que Djani coloque sua mente em ordem. Além do que já se vem fazendo, incremente o estudo do *Evangelho* no lar, não como um culto religioso, mas como um sério momento de reflexão em família. Isso fará com que a ambiência torne-se mais favorável ao bem-estar psíquico da nossa querida. Ainda recomendamos que sejam realizados com ela, todas as noites, momentos de meditação com temas evangélicos e oração sincera. Essa atitude a defenderá, quando se emancipar do corpo ao dormir. Só poderemos participar das defesas, se ela fizer a parte dela, senão a lei maior se cumprirá com todo o seu rigor.

Essa voz interna tornou-se bem nítida, num tom imperativo:

– *Lembra-te de que Deus não quer a destruição do pecador, mas a sua educação para a vida eterna e plena com Ele.*

\* \* \*

À noite, quando cheguei em casa, procurei conversar com Djani sobre os trabalhos que desenvolvíamos na clínica. Ela já sabia um pouco sobre o assunto, mas nunca quis se interessar com a profundidade que eu havia me dedicado. Contudo, agora eu mesmo, sem querer forçar, pedia-lhe que pensasse no assunto em seu próprio benefício. Finalmente ela concordou.

A tarefa mais específica era o estudo do *Evangelho* no lar, não como um culto ou obrigação religiosa, mas como um momento semanal em que a família se reúne para sérias meditações acerca da vida doméstica evangelizada, propiciando um ambiente psíquico favorável para a aproximação dos bons espíritos, evitando a entrada de pensamentos estranhos e perniciosos, afastando as más influências espirituais e propiciando o isolamento do lar em meio às trevas que campeiam pelo mundo.

Consegui que, em instituição espírita próxima, ela recebesse passes mediúnicos duas vezes por semana e água fluidificada o suficiente para três doses diárias. Além disso, todas às noites, líamos um pequeno trecho do *Novo Testamento* e meditávamos, até que nossas almas estivessem em quietude. Nesse momento, eu proferia a minha prece e ela a dela, para que ela não ficasse dependendo de minha presença, de minhas palavras, da minha prece.

Esse comportamento facilitou muito o tratamento, pois, em três meses, a dra. Jônia pôde ir diminuindo as doses medicamentosas, deixando apenas as de manutenção. Entretanto, durante esses exercícios, Djani começou a apresentar certos *insigts,* visões de um passado antigo, mas que não lhe davam mais medo, mas apenas a faziam se localizar como devedora de dívidas espirituais com muitas almas que, com sua força psíquica, havia levado à desgraça e à desilusão. Ela havia compreendido que devia trabalhar muito para acertar todos os estragos espirituais e fechar todas as lesões que havia aberto em si mesma quando feriu de alguma maneira a consciência do próximo.

A melhora de Djani foi surgindo aos poucos, como era esperado de uma pessoa que valoriza o próprio campo psíquico e não deixa ali se acumular, digamos, 'lixo mental'. O refazimento espiritual de Djani permitiu que as aberturas psíquicas para o passado fossem sendo fechadas, uma a uma, e seus medos foram desaparecendo.

O fator mais importante, além das meditações, das orações e da vigilância, foi o acerto na postura da reunião familiar em torno do *Evangelho*. Notadamente, consegui passar para ela que o estudo do *Evangelho* no lar não era um culto ou mais uma obrigação religiosa, como muitos pensam, mas, sim, um momento de reflexões em torno das verdades do Cristo, principalmente na leitura do livro *O evangelho segundo o espiritismo,* que é a proposta moral do espírito Verdade, que restabeleceu, junto ao Codificador da doutrina espírita, sua doutrina verdadeira.

Ela começou a estudar o assunto e percebeu que muitos dos nossos conhecidos espíritas faziam o "culto do *Evangelho* no lar", como uma obrigação sagrada e não entendia bem porque eu não aceitava que cultuássemos o *Evangelho* como faziam os outros. Tive que argumentar, procurando mostrar-lhe a carta aos Gálatas, quando o apóstolo Paulo foi contra todas as formas de legalidades religiosas como salvadoras, pois que Jesus de Nazaré havia trazido a Verdade que orienta e liberta, não havendo necessidade de cultuar coisa alguma. Além disso, a doutrina dos espíritos preconiza a invalidade de cultos externos e, justamente, o termo *culto* dá a conotação de que se cultua alguma coisa, um objeto, um livro, uma pessoa... Ela, então, argumentou que em diversos livros espíritas, mediúnicos ou não, a expressão "culto do *Evangelho* no lar" é comum. Disse-lhe que muitos médiuns e autores vinham de procedência católica e que as editoras falharam na revisão dos textos, permitindo a intromissão de expressões estranhas na doutrina dos espíritos. Djani se convenceu, depois que li para ela o significado de 'culto' nos dicionários.

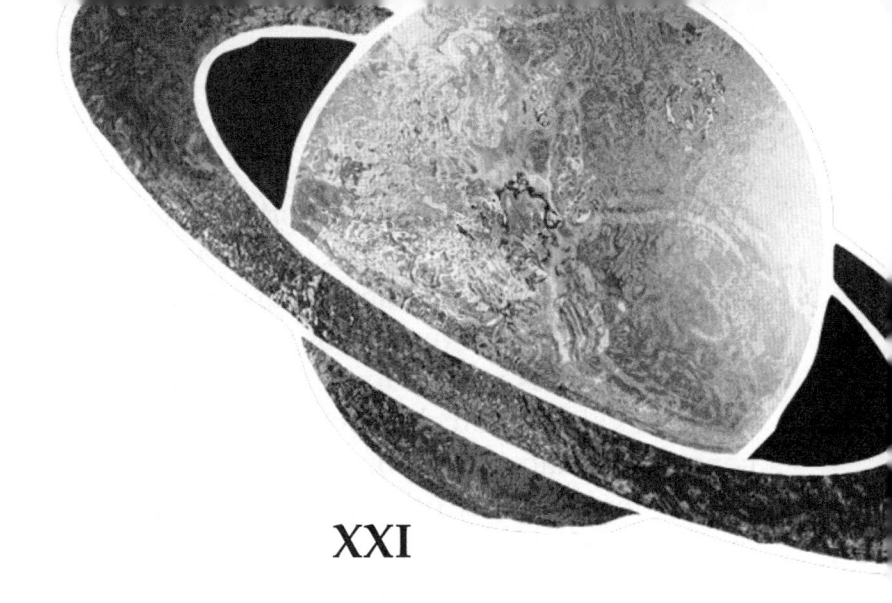

# XXI

Os exilados de Zunik estavam sendo recuperados pouco a pouco, um a um, e encaminhados para uma nova vida psíquica. Mesmo os mais renitentes, como Zilk, já estavam encaminhados aos devidos resgates e a meditarem no mal que praticaram. Não recebiam castigos, nem eram salvos de algum tipo de inferno, mas eram como que educados pela lei divina, que em seus mecanismos básicos não permite desregramentos eternizados. Há o momento da semeadura e o momento da colheita, atendendo ao velho ditado: "quem semeia vento colhe tempestade".

Percebendo o trabalho psíquico intenso desenvolvido por nosso grupo, comecei a estudar mais profundamente a movimentação das energias mentais criadas ali. Procurei avaliar, de modo minucioso, como psiquiatra espírita, o potencial que havíamos obtido, buscando descobrir o grau e a natureza da força que conseguíamos movimentar. Analisei médium por médium, força por força, bem como o nível de percepção medianímica de cada um.

Verifiquei que, entre nós, não havia o médium mais poderoso ou um médium principal, como muitos consideram. Cada um possuía o seu nível de percepção, sempre na dependência do assunto em pauta. Havia momento em que todos percebiam a mesma coisa; em outros momentos, um completava o outro ou apenas alguns percebiam nuanças do assunto. Essa constatação valorizava sobremaneira o campo psíquico que formávamos, quando nos reuníamos sob os mesmos propósitos.

Tudo convergia para a diretora da reunião. A capacidade coercitiva de Jônia era impressionante. Todas as forças mentais criadas convergiam para ela e ela centralizava o pensamento geral. Sua liderança era um fato incontestável. Em minhas meditações a respeito do meu aprendizado e das minhas análises, centralizei a mente em Jônia e imagens de um passado bem distante no tempo surgiram. Eu estava em completa quietude, aquela que se consegue após as meditações e preces diárias. Uma imensa sensação de paz foi o prenúncio de um transe indescritível, um êxtase completo que me trazia a convicção de estar dentro do próprio Deus, onde não havia mais porquês ou querelas de qualquer espécie: era a plenitude.

Eu estava sendo guiado por mentes poderosas para dentro do arquivo divino, indo ao encontro da história psíquica que havia evocado na meditação aprofundada. A minha essência divina expandia e se encontrava com a própria essência divina, mas não era ainda por mim mesmo que isso estava acontecendo, era como se eu estivesse sendo conduzido, pois não posso ainda dizer como Jesus: "Eu e o Pai somos um", ou como Paulo de Tarso: "Não sou eu mais que vive, mas o Cristo vive em mim".

Voltei à turbulência de Zunik, nos tempos do exílio. Vi uma pessoa que exalava um magnetismo todo especial e que havia sido, em tempo ainda mais distante, causadora de muitos males por haver conduzido multidões pelo seu fascínio. Aproveitava-se desse seu personismo para conduzir as pessoas de acordo com seus interesses pessoais. Mas, no tempo do grande exílio, ela era uma pessoa recuperada, melhor dizendo, um espírito em plena recuperação e com uma responsabilidade tremenda em suas costas: a de recuperar todos os que ela mesma havia desviado das sendas do bem.

Seu nome era Janisk. Seu semblante era como o de um anjo; não se sabia dizer se era uma forma masculina ou feminina. Em preces, Janisk voltou suas mãos e sua mente em direção aos céus e rogou a ajuda divina, pedindo a missão redentora. Surgiu-lhe à frente, vindo do alto, uma figura belíssima e celestial, um ser divinal, cuja brandura contrastava com sua poderosa energia. Janisk caiu de joelhos, baixou a cabeça e pendeu os braços. A entidade angélica lhe disse:

– Em breve estarei levando para um planeta primitivo, que se tornará uma espécie de presídio-escola, para expiações e provas das almas falidas, uma multidão de espíritos criminosos, sentenciados pelo governo espiritual de um grande planeta de um sistema solar não muito distante daqui. Atendo o seu pedido agora, permitindo que parta, conduzindo o seu grupo, que deverá misturar-se ao meu, que é muitas vezes maior que o seu. Estarei contigo em todas as épocas, seguindo e amparando os seus passos, em nome de nosso Pai Celestial, no grande plano de reeducação dessas almas para Ele.

Daquele momento em diante, Janisk, hoje Jônia, colocou-se a serviço daquele angelical espírito, que conhecemos na Terra primeiramente como Jeová, depois como Jesus de Nazaré e, mais recentemente, como espírito Verdade.

Janisk reencarnou, sob poderoso plano de trabalho, de quinhentos em quinhentos anos, dando-se tempo suficiente para preparar todos os que ela poderia recuperar com sua presença direta. Na igreja cristã, foi considerada santa todas as vezes que esteve em suas lides. Agora estava ali, na posição de orientadora de um grupo que seguia as instruções do cristianismo redivivo. É impossível dizer o número de pessoas e de espíritos que foram atendidos sob sua orientação.

Numa estatística realizada com os prontuários, solicitações de prece, irradiações etc., num determinado ano, havíamos atendido a 1440 pedidos de prece e 384 solicitações de auxílio espiritual, anotados em prontuários. Vendo o nosso esforço em avaliar o trabalho, os espíritos orientadores do grupo, na palavra de dr. Menezes, nos disse que, da dimensão espiritual, 5560 espíritos, entre obsessores, doentes, necessitados de orientação etc., haviam sido atendidos. Todos de alguma forma ligados a alguém do grupo.

Jônia é uma psiquiatra tranquila, sem ansiedades, que olha o enfermo bem nos olhos com força magnetizadora, acalma o enfermo com sua presença, trata a todos com atenção e com a energia que o assunto merece. Tudo nela parece natural, sem afetação. Ninguém ainda a viu irritada ou ansiosa com alguma coisa. Possui em alto grau o que Allan Kardec descreveu como "maturidade do senso moral", no capítulo "Sede perfeitos", do livro *O evangelho segundo o espiritismo*. Seu personismo era de uma força rara, quando ela entrava no ambiente onde os tresloucados estavam, eles se acalmavam e permaneciam em silêncio, olhando para ela com olhos súplices. Muitos doentes agitados, principalmente os que permaneciam em celas e camisas de força, se acalmavam com sua presença. Ela entrava nas celas e conversava com eles. Dificilmente conseguíamos fazer isso e sempre estávamos acompanhados com seguranças especializados. Ela era uma pessoa especial, não havia dúvida sobre isso.

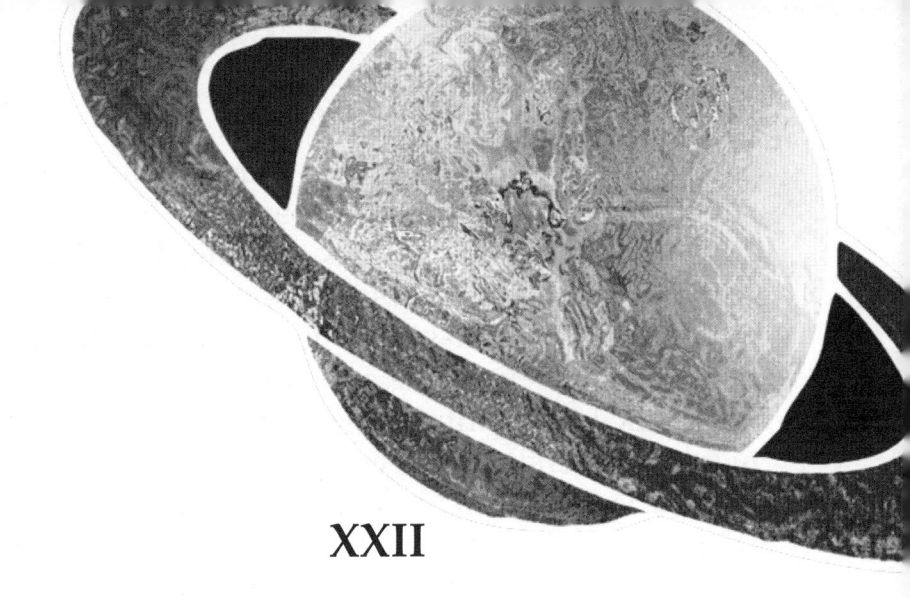

# XXII

Perguntei para mim mesmo porque Jônia não despontou no mundo de hoje como uma grande médium ou orientadora espiritual, mas veio como psiquiatra, praticamente trabalhando isolada. Só não era contestada pelos colegas porque não havia queixas de pacientes e porque o seu procedimento médico era sempre correto, sem fanatismo, com diagnósticos precisos e uma intuição a toda prova. Acabei por perguntar-lhe porque se mantinha assim tão escondida do mundo científico e ainda não havia publicado seus resultados em revista científica especializada.

Ela respondeu que ainda não era chegado o tempo para tal empreendimento e o que ela estava fazendo haveria de ser registrado, futuramente, pois era a psiquiatria do futuro, a medicina associada ao estudo das lesões psíquicas e suas causas anteriores. O procedimento do vasculhamento psíquico haveria de chegar para a humanidade no devido momento. Por enquanto, o homem ainda não está preparado para usar essa energia psíquica com o critério suficiente para, apenas, estabelecer a harmonia e a paz.

Pela estatística de apenas um ano de trabalho, compreendi que as tarefas desenvolvidas abrangiam uma multidão de almas, encarnadas e desencarnadas, justamente aquelas sobre as quais Jônia possuía responsabilidades espirituais. Ela estava, em alguns milênios, conseguindo a recuperação de muitos, dentro de uma paciência sem limites, sem pressa ou ansiedade, com o único objetivo de educar a todos os que podia influenciar. Lembrei-me de Paulo de Tarso em sua primeira epístola aos Coríntios:

> Fiz-me como fraco para os fracos, para ganhar os fracos. Fiz-me tudo para todos, para por todos os meios chegar a salvar alguns.[4]

Salvar, neste caso, é usado com o significado de 'tirar do perigo' e não 'do inferno' ou do 'juízo final'. O verdadeiro sentido de 'salvar' é, na realidade, o de 'educar para a vida espiritual'. Jônia estava a postos e havia conseguido juntar em torno de si aquele grupo de companheiros, a exemplo de Jesus de Nazaré, que escolheu seus discípulos mais achegados entre aqueles que viam nele a Verdade encarnada e o chamavam de "o Profeta da Verdade".

Os companheiros que se aproximaram do grupo de Jônia e não compreenderam o seu trabalho, achando-se melhores que os outros ou considerando-se mais médiuns do que realmente eram, não permaneceram, vis-

---

[4] Capítulo 9,22.

to que se melindravam com facilidade e não recebiam bem as propostas de disciplina, querendo eles mesmos estabelecer as ordens e regimes nascidos de seus próprios preconceitos. Quando percebiam que não poderiam tirar Jônia de sua rota de trabalho, eles mesmos, com uma desculpa qualquer, não voltavam mais.

Jônia não fazia nenhuma exigência de ordem material, apenas indicava para todos o melhor caminho de defesa espiritual para a manutenção do equilíbrio mental, que constava de meditação diária, após breve leitura do *Evangelho*, vigilância e oração, principalmente antes de dormir, à noite, e, se necessário, logo depois de acordar, pela manhã. A meditação no sentido de higiene mental, como recomenda santo Agostinho, na pergunta 919 de *O livro dos espíritos*, é especialmente útil para o conhecimento de si mesmo. Jônia argumentava sempre:

– Como um médium pode reconhecer quais são os pensamentos alheios que lhe chegam à mente se não conhece os seus próprios?

Aprendi que, quando disciplinamos os nossos pensamentos pela meditação, ganhamos mais consciência daquilo que somos e o nosso mundo mental se torna mais estável, permitindo que a ordem interna que existe em nossa essência divina transcenda. Nesse ponto, temos paz e irradiamos paz. É um poderoso recurso para a sobrevivência de nossa lucidez no meio de uma humanidade em expiações e provas.

Jônia mostrou-nos a todos que, para o trabalho específico com os distúrbios da mente, loucuras e obsessões, é necessário que estejamos em paz conosco mesmos para sabermos neutralizar as influências negativas de mentes perversas e viciadas, encarnadas e desencarnadas. Além disso, quando se ensina ao enfermo os recursos da meditação, da vigilância mental e da prece, a alma e seu corpo se harmonizam, permitindo não só que os medicamentos façam o efeito desejado, como também sua mente vibre em sintonias mais refinadas, fazendo com que os pensamentos inferiores, os olhares obsessivos e as vibrações deletérias não o atinjam mais. Favorecem também uma maior aproximação dos espíritos benfeitores, capazes de auxiliar, recuperar e educar.

Perguntei para Jônia por que essa meditação, acompanhada de preces deve ser realizada antes de dormir e pela manhã. Ela me respondeu:

– É simples. Quando dormimos, saímos do corpo. A nossa alma se retira do corpo numa espécie de emancipação parcial e vai atrás dos seus interesses reais. Se acalmamos o espírito e oramos, buscando ajuda dos nossos guias espirituais para os momentos do sono, não seremos imantados por qualquer força inferior e nem por desejos incontidos. Saímos do corpo orientados por espíritos bons que só querem nos ajudar e orientar. Pela manhã é importante para que estejamos sempre preparados para os embates da vida e orientados sempre com boas inspirações e atitudes corretas perante nós mesmos e os outros.

A lição estava bem aproveitada. Jônia sabia muito bem qual era o seu papel e continuava incólume na tarefa de resgate de quantos podia, através das preces intercessoras, das varreduras psíquicas, dos passes, das orientações medianímicas, das desobsessões, do tratamento dos enfermos da mente e, indiretamente, no de outros enfermos, cujos nomes chegavam até nossas reuniões experimentais de espiritismo aplicado.

Quanto a mim, conquistei todos os poderes psíquicos que possuía e que estavam adormecidos, agora controlados para o benefício de todos e não para o domínio sobre as consciências alheias. Surgiu em mim uma renovação de valores morais, possibilitados pela revelação espírita e sua prática legítima. A religiosidade cresceu dentro de mim, não como uma força avassaladora, gananciosa pelo poder, pela riqueza ou pelo sexo, mas como uma religião natural, nascida do conhecimento da essência divina. Minha consciência expandiu-se numa visão cósmica da própria realidade do ser.

Agora caminho a trilha correta sob a guarda do espírito da letra do Apóstolo Paulo para alcançar a unidade: "Já não sou eu quem vive, mas o Cristo vive em mim."

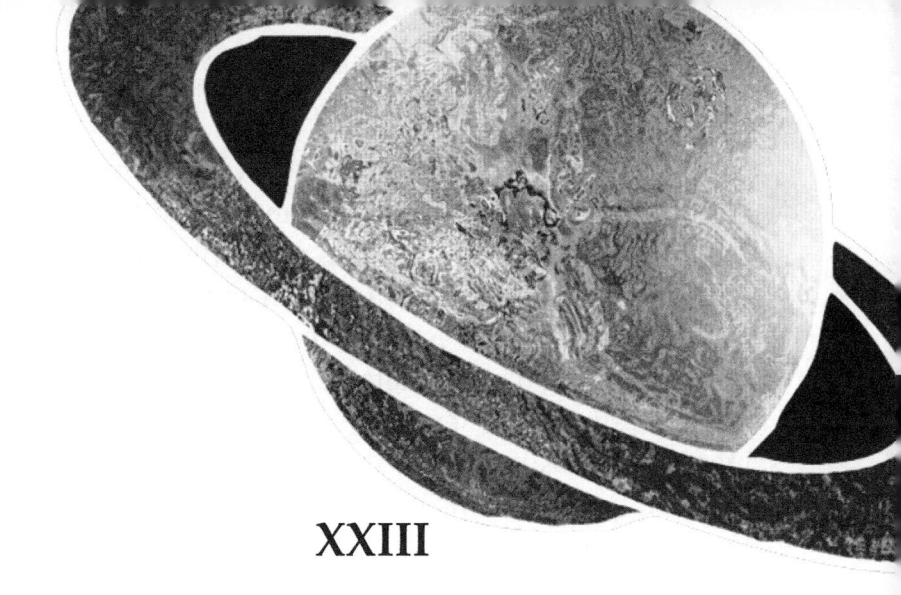

# XXIII

A sessão de atendimento aos irmãos perturbados do corpo e da alma ia quase chegando ao seu final, quando todos sentimos uma espécie de bem-estar muito grande. Havia um estado quase de êxtase de todos nós. A influência do espírito Verdade era evidente. Alguns o percebiam bem acima de nós, irradiando luz intensa. No meio daquelas luzes, surgiu uma entidade belíssima, angelical, que se aproximou bastante de nós quando o nosso campo psíquico estava amparado totalmente, naquele abraço de vibrações espirituais sutis que nos alcançava. Jônia, assumindo a palavra, disse:

– Trata-se da presença daquele que foi meu marido nesta vida atual, meu querido Genaro. Ele deseja passar uma mensagem.

A seguir, dona Divani deixou-se envolver pela entidade superior que queria manifestar-se pela psicofonia, com os recursos psicopráxicos da médium:

– Minha querida Jônia, obtive a permissão do nosso Mestre Maior para dar-lhe excelente notícia. Venho, como um estafeta, apresentar para você os resultados das tarefas que você assumiu, junto a todos nós, por milênios seguidos, procurando a recuperação de todo o grupo sobre o qual tinha responsabilidade direta. É certo que nem todos estão recuperados ainda, mas esses estão assim não por falta de seus esforços, mas porque persistiram em seus erros após receberem dádivas incontáveis do amor divino por seu intermédio. Portanto, saiba que seu compromisso com o grupo terminou. Você conseguiu alcançar a todos com sua influência benfeitora, induzindo a cada um a recuperar-se para a vida em plenitude com o Pai. Nem todos aceitaram sua ajuda, sua dedicação e seu esforço, e com isso foram assumindo responsabilidades próprias. Porém, uma multidão, milhares de almas, foi orientada e encaminhada para o progresso espiritual. Estas últimas oram por você, como eu também o faço, pelo bem que você conseguiu realizar em todos nós. Dessa forma, você agora pode escolher o seu destino. Poderá deixar a Terra quando quiser e, se você achar por bem, estaremos ao seu dispor. Pode escolher o que fazer, entre partir da Terra para os estados mais sublimados do espírito, onde há bem-aventurança e trabalho, ou pode permanecer ainda na Terra por algum tempo. Mas, desde já, você está convidada a partir e juntar-se a nós, a qualquer tempo.

Jônia, emocionada, mas bem controlada, não demonstrando o mais breve esboço de orgulho e vaidade, respondeu, humilde e submissa:

– Caro Genaro, é com alegria que recebo essas notícias alvissareiras para o meu espírito, mas, como bem sabe, meu lado maternal é muito grande. Quando vejo tantos enfermos da alma, em seus sofrimentos atrozes, não vislumbro outra opção senão colaborar o quanto possa em benefício deles. Por um tempo, gostaria de permanecer por aqui, junto a este grupo de amigos que aceitaram esta tarefa bendita de redenção de si mesmos e da colaboração fraterna da prece de intercessão.

– Seja como queira, minha querida, mas mantenha o coração tranquilo, pois estaremos sempre com você e todas as suas necessidades serão supridas, com base na promessa do Cristo: "Buscai o reino de Deus e sua justiça e tudo o mais vos será dado por acréscimo." Porém, uma coisa você bem sabe, não poderá permanecer aí para sempre e, por isso, de acordo com os cálculos que fizemos daqui, com você presente, e que aguardávamos apenas a sua manifestação, terá mais dois lustros.

E, diante da vidência dela e de alguns de nós, ele abriu um lindo calendário, todo escrito em verde-esperança, brilhante, e lhe mostrou as datas acertadas. Ela respondeu:

– É o suficiente para deixar todo o pessoal treinado para que continue a tarefa precursora que visualiza o homem psíquico do futuro.

O ambiente de luz foi se desfazendo e tudo voltou à normalidade. Fomos testemunhas da ventura de quem ouviu as verdades celestes e as ensinou aos pequeninos e humildes da Terra. Dra. Jônia, cruzando os dedos na altura do rosto, como que amparada pelo espírito de Maria de Nazaré, proferiu uma prece, quase um *Magnificat*:

– A minha alma se engrandece diante de Deus e meu espírito se alegra por fazer-lhe a vontade, porque

Ele permitiu que eu pudesse trabalhar em Seu nome. E é assim que estou agora, livre de todas as minhas agonias e preocupações, porque ele permanece comigo.

"Ele, o Todo-Poderoso, me fez grandes coisas, não por merecimento meu, mas por sua misericórdia, que é infinita e está acima da justiça dos homens. Com seu braço, colocou almas soberbas sob minha guarda e eu fui sua guardiã devotada; minha fé cresceu e tornou-se inquebrantável, vencendo todos os obstáculos, neutralizando o ódio existente nos corações, destronou os poderosos e tiranos e os colocou sob os meus cuidados maternais para aprenderem a natureza plena do amor, do perdão, da justiça, da tolerância e de todo o bem.

"Graças te rendo, ó Pai, que me amparaste através de Seu Filho, que nos tem ensinado a tua Verdade e prometeu permanecer para sempre conosco."

# FIM

# BIBLIOGRAFIA

AKSAKOF, Alexander. *Animismus und Spiritismus*. Leipzig: 1890 – Ed. brasileira: *Animismo e Espiritismo*. 3. ed. Rio de Janeiro: FEB, Vol. I e II. 1978.

AKSAKOF, Alexander. *Um caso de desmaterialização*. 2. ed. Rio de Janeiro: FEB, 1951.

ANDRADE, Hernâni Guimarães – *Novos Rumos à Experimentação Espírítica.1967*.

ANDRADE, Hernâni Guimarães – *Parapsicologia Experimental*. 2. ed. São Paulo: Livraria Espírita Boa Nova.1976.

BOZZANO, Ernesto. *A Propósito da Introdução à Metapsíquica Humana*. Refutação do livro de René Sudre. 2. ed. Rio de Janeiro: FEB, 1960.

BOZZANO, Ernesto. *Pensamento e Vontade*. 4. ed. Rio de Janeiro: FEB, 1970.

BOZZANO, Ernesto. *Fenômenos de "Transporte"*. Tradução do Dr. Francisco Klörs Werneck. São Paulo: Calvário. 1972.

BOZZANO, Ernesto. *Animismo ou Espiritismo?* 3. ed. Rio de Janeiro: FEB, 1982.

BOZZANO, Ernesto. *Xenoglossia, mediunidade poliglota*. [Tradução de Guillon Ribeiro] 2. ed. Rio de Janeiro: FEB, 1949.

BOZZANO, Ernesto. *Os Enígmas da Psicometria, dos fenômenos de telestesia*. Rio de Janeiro: FEB, 1949.

CERVIÑO, Jayme. *Além do Inconsciente*. 1ª ed. Rio de Janeiro: FEB, 1968.

CRAWFORD, W. J. – *Mecânica Psíquica* (1922). Tradução de Haydée de Magalhães. São Paulo: LAKE. 1963.

CROOKES, William. *Fatos Espíritas*. 6ª ed. Rio de Janeiro: FEB, 1971.

CURCIO, Michèle – *A Parapsicologia de A a Z*. Tradução de Luiz Roberto Seabra Malta. São Paulo: Rideel. 1993.

DICIONÁRIO DE DOUTRINA ESPÍRITA. 1ª ed. Rio de Janeiro: ADGMT. 1963.

DOYLE, Arthur Conan. *História do Espiritismo*. Tradução de Júlio Abreu Filho. São Paulo: Pensamento. 1978.

EDMONDS, I.G. *D. D. HOME: O homem que falava com os Espíritos*. São Paulo: Pensamento, 1978.

148 L. PALHANO JR.

ERNY, Alfred. *O Psiquismo Experimental*. 2. ed. Rio de Janeiro: FEB, 1953.

ESPÉRANCE, Elisabeth d! *No País das Sombras*. Rio: FEB, 1974.

FLAMMARION, Camille. *Les Forces Naturelles Inconnues*. 1. Ed. Paris: Ernest Flammarion, Éditeur, 1907.

FLOURNOY, T. H. *Esprits et Médiums*. *Mélanges de Métapsychique et de psychologie*. Genebra: Kunding. 1911.

GELEY, Gustave. *Resumo da Doutrina Espírita*. 2. ed. São Paulo: LAKE, 1958.

GIBIER, Paul. *Análise das Coisas, fisiologia transcendente*. (1890). 3. ed. Rio de Janeiro: FEB. 1947.

GRANJA, Pedro. *Os Simples e os Sábios*. São Paulo: Calvário, 1971.

GOES, Eurico de. *Prodígios da Biopsychica obtidos com o Médium Mirabelli*. 1. ed. São Paulo: Cupolo, 1937.

IMBASSAHY, Carlos. *O Espiritismo à Luz dos Fatos*. 1. ed. Rio de Janeiro: FEB, 1952.

JAGOT, Paul-C. *Science Occulte et Magie Pratíque*. [ Édition remaniée et considérablement augmentée] Paris: Droin, s.d.

JÜRGENSON, F. *Telefone para o Além* (1967). 1. ed. brasileira. Tradução de Else Kohlbach. Rio de Janeiro: Civilização Brasileira, 1972.

KARDEC, ALLAN. *O Livro dos Espíritos* (1857). Tradução de Salvador Gentile. 96. Ed. Araras: IDE. 1995.

KARDEC, ALLAN. *O que é o Espiritismo* (1859). 15. Ed. Rio de Janeiro: FEB. 1973.

KARDEC, ALLAN. *O Livro dos Médiuns* (1861). Tradução de Guillon Ribeiro. 34. Ed. Rio de Janeiro: FEB. 1976.

KARDEC, ALLAN. Vocabulaire Spirite. In *Le Libre des Médiuns:* guide des médiums et des évocateurs. 1.ed. Paris: 1861. p. 1 – 89.

KARDEC, ALLAN. *O Evangelho Segundo o Espiritismo* (1864). Tradução de Salvador Gentile. 117. Ed. Araras: IDE. 1990.

KARDEC, ALLAN. *O Céu e o Inferno* (1865). 2. ed. Rio de Janeiro: FEB. 1967.

KARDEC, ALLAN. *A Gênese, os milagres e as predições segundo o Espiritismo* (1868). Tradução de Guillon Ribeiro. 27. Ed. Rio de Janeiro: FEB. 1984.

KARDEC, ALLAN. *Obras Póstumas*. (1890). Tradução de Guillon Ribeiro. 16. Ed. Rio de Janeiro: FEB. 1977.

KARDEC, ALLAN. *Definições Espíritas*. in *Le Livre des Médiuns (separata)* Apresentação e Notas de L. Palhano Jr., publicada em Niterói: Lachâtre, 1997.

LOMBROSO, Cesare. *Ricerche sui Fenomeni Ipnotici e Spiritici*. Terzo migliaio. Torino: Unione Tipografico, Editrice. Torinese, 1914.

MAXWELL, Joseph. *Les Phénomènes Psychiques. Recherches, Observations, Méthodes*. Paris: Félix Alcan. 1906.

MORSELLI, H. *Psicologia e "Spiritismo".* Impressioni e note critiche sui fenomeni medianici de Eusapia Paladino. Turim: Fratelli Bocca, 2 vols. 1908.

MYERS, Fredrich W. H. The subliminal consciousness. Proceed. S.P.R. 7, part. 20; 8, part. 22 e 23; 9, part. 24; 11, part. 29, 1892-95.

MYERS, Fredirich W. H. *Human Personality and its Survival of Bodily Death*. London: Longmans, 1903.

PALHANO JR., Lamartine. *Transe e Mediunidade*. (Apostila, curso ministrado pela FESPE). 1. ed. Vitória: FESPE. 1992.

PALHANO JR., Lamartine. *Rosma, o Fantasma de Hydesville*. 1. ed. Vitória: FESPE. 1992.

PALHANO JR., Lamartine. *A Verdade de Nostradamus*. 3. ed. Niterói: Lachâtre, 1999.

PALHANO JR., Lamartine. *Diário de um Espírita*. 1. ed. Niterói: Lachâtre, 1994.

PALHANO JR., Lamartine. *Mirabelli, um médium extraordinário*. 1. ed. Rio de Janeiro: CELD, 1994.

PALHANO JR., Lamartine. *Eusapia, a "Feiticeira"*. 1. ed. Rio de Janeiro: CELD, 1995.

PALHANO JR., Lamartine. *Experimentações Mediúnicas*. 1. ed. Rio de Janeiro: CELD, 1996.

PALHANO JR., Lamartine. *Dicionário de Filosofia Espírita*. Rio de Janeiro: CELD, 1997.

PALHANO JR., Lamartine. *Viagens Psíquicas no Tempo*. Niterói: Lachâtre, 1998.

PALHANO JR. Lamartine. *Dimensões da Mediunidade*. Rio de Janeiro: CELD, 1998.

PALHANO JR., Lamartine. *Evocando os Espíritos*. Niterói: Lachâtre, 1999.

PALHANO JR., Lamartine. *Léxico Kardequiano*: manual de termos e conceitos espíritas. Rio de Janeiro: CELD, 1999.

PALHANO JR., Lamartine & SILVA SOUZA, Dalva. *Magnetismo Curador, instruções para o passe*. 1. ed. Vitória: FESPE, 1993.

PALHANO JR., Lamartine & OLIVEIRA, Júlia A. Souza. *Laudos Espíritas da Loucura*. Niterói: Lachâtre, 1997

RANIERI, R.A. *Materializações Luminosas*. 1. ed. São Paulo: Lake. 1956.

RICHET, Charles. *A Grande Esperança*. 2. ed. São Paulo: LAKE, 1976.

RICHET, Charles. *Traité de Métapsychique*. Paris: Félix Alcan, 1922.

RHINE, Joseph Banks. *Fenômenos Psi e Psiquiatria*. Tradução de Jady Monteiro. 1966.

ROCHAS, Albert de. *A levitação*. 3. ed. Rio de Janeiro: FEB, 1980.

SOAL, S. G. & BATEMAN, F. *Modern Experiments in Telepathy*. Londres: Faber, 1954.

SUDRE, René. *Tratado de Parapsicologia* (1956). Tradução de Constantino Paleólogo. 2 . Ed. Rio de Janeiro: Zahar. 1976.

TEIXEIRA DE PAULA, João. *Enciclopédia de Parapsicologia, Metapsíquica e Espiritismo*. 2. ed. São Paulo: Cultural Brasil Editora. Vol. I, II, III e IV; 1972.

UNDERWOOD, Peter. *Dictionary of the Occult and Supernatural*. 1. Ed. London: Fontana. 1978.

XAVIER, Francisco Cândido. *A Caminho da Luz*. Ditado pelo Espírito Emmanuel. Rio de Janeiro: FEB. 1939.

XAVIER, Francisco Cândido. *Libertação* (1949). Ditado pelo Espírito André Luiz. 4. ed. Rio de Janeiro: FEB.1969.

XAVIER, Francisco Cândido. *Nos Domínios da Mediunidade*. Ditado pelo Espírito André Luiz. 4. ed. Rio de Janeiro: FEB. 1954.

XAVIER, Francisco Cândido. *Pensamento e Vida*. (1958). Ditado pelo Espírito Emmanuel. 8. ed. Rio de Janeiro: FEB. 1987.

XAVIER, Francisco Cândido. *O Consolador*. Ditado pelo Espírito Emmanuel. 5. ed. Rio de Janeiro: FEB.1970.

XAVIER, Francisco Cândido & VIEIRA, Waldo. *Evolução em Dois Mundos*. Ditado pelo Espírito André Luiz. Rio de Janeiro: FEB. 1959

XAVIER, Francisco Cândido & VIEIRA, Valdo. *Mecanismos da Mediunidade*. Ditado pelo Espírito André Luiz. 3. ed. Rio de Janeiro: FEB. 1970.

YOGANANDA, Paramahansa. *Autobiografia de um Iogue*. [Tradução de Adelaide Petters Lessa]. São Paulo: Summus, 1981.

ZÖLLNER, J.K.F. *Física Transcendental*. Rio de Janeiro: Typ. Rua de S. Gabriel n. 3-a, Meyer, 1908. – ou *Provas Científicas da Sobrevivência*. São Paulo: Edicel, 1966.

# LAMARTINE PALHANO JR.

## (15.12.1946 - 14.11.2000)

Lamartine Palhano Júnior foi um dos mais brilhantes pesquisadores do espiritismo no Brasil. Natural de Coronel Fabriciano, MG, ainda criança mudou-se para a cidade de Vitória, ES. Adotou o espiritismo, na juventude, a partir de uma decisão consciente, nascida da reflexão e da convicção pessoal. Graduou-se em farmácia, realizou seu mestrado na área de bacteriologia e doutorou-se em ciências, pela Universidade Federal do Rio de Janeiro, desenvolvendo intensa atividade acadêmica. Como cientista, realizou pesquisas em diferentes áreas, onde podemos destacar os seus estudos sobre a tuberculose, para cujo diagnóstico desenvolveu diversas versas técnicas. Fruto dessas pesquisas, publicou inúmeros artigos em revistas científicas internacionais e apresentou-se em alguns congressos internacionais. Lecionou microbiologia na Universidade do Estado do Espírito Santo e patologia na Universidade Federal do Espírito Santo.

Participou ativamente do movimento espírita. Prestou inestimável contribuição em diversas áreas: pesquisa científica de cunho espírita, publicação de livros, apresentação em palestras, cursos e treinamentos que realizava com grande frequência. Como pesquisador, fundou e dirigiu a FESPE (Fundação Espírito-Santense de Pesquisa Espírita) e o CIPES (Círculo de Pesquisa Espírita de Vitória), instituições que se tornaram marco da pesquisa espírita no Brasil. É conhecida e aplicada por diversos grupos mediúnicos a técnica por ele desenvolvida, que denominou "varredura medianímica".

151

Escreveu livros infantis, de teologia espírita, biografias de vultos espíritas, romances, ensaios doutrinários e obras que se destinam à divulgação do espiritismo junto ao público em geral. Sua grande contribuição foi na área da pesquisa mediúnica, com títulos como *Transe e mediunidade, Laudos espíritas da loucura, O livro da prece, Obsessão, Passe, O significado oculto dos sonhos, Reuniões espíritas, Viagens psíquicas no tempo* e *Evocando os espíritos*.

## OBRAS PUBLICADAS DE L. PALHANO JR.

**Infanto-juvenis:**

*A estrela de Belém*

*Jesus aos 12 anos*

*João Batista, o profeta do Cristo*

*O pastorzinho de Belém*

*O pequeno espírita*

*O reino dos céus para os humildes*

*As meninas do barulho*

*Sonhos de Aurélio*

*Uma páscoa diferente*

*O velho Simeão*

**Teologia espírita:**

*A carta de Tiago*

*Aos efésios*

*Aos gálatas*

*Temas da teologia espírita*

**Biografias:**

*Dimensões da mediunidade*

*Dossiê Fénelon Barbosa*

*Dossiê Jerônimo Ribeiro*

*Dossiê Peixotinho*

*Eusápia, a feiticeira*

*Experimentações mediúnicas*

*Mirabeli, um médium extraordinária*

**Autobiográfico:**

*Diário de um espírita*

**Romance:**

*As chaves do reino*

**Ensaios:**

*Espiritismo, religião natural*

*A imortalidade dos poetas mortos*

*A mediunidade no centro espírita*

*A verdade de Nostradamus*

**Série Transe e Mediunidade:**

*Evocando os espíritos*

*Laudos espíritas da loucura*

*Obsessão - assédio por espíritos*

*O livro da prece*

*O significado oculto dos sonhos*

*Passe – magnetismo curador*

*Reuniões mediúnicas*

*Transe e mediunidade*

*Viagens psíquicas no tempo*

**Dicionário:**

*Dicionário de filosofia espírita*

*Léxico kardequiano*

**Tradução:**

*Definições espíritas*

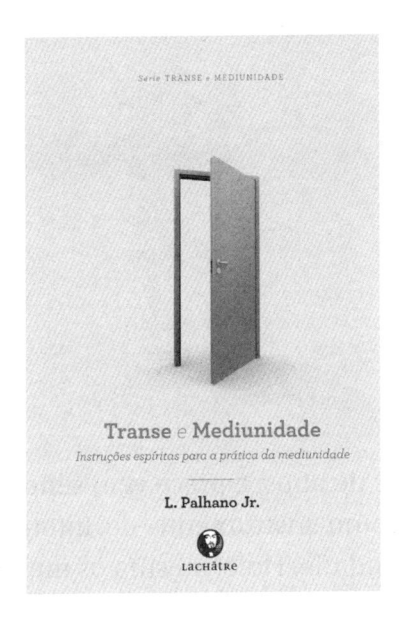

# O Livro da Prece
Estudos e técnicas para tornar sua oração mais eficaz

Há milhares de anos, a prece vem sendo utilizada pela humanidade como instrumento de intercâmbio entre o homem e a divindade. Hoje, mesmo os meios científicos já reconhecem a sua eficácia, embora ainda não exista uma pesquisa científica que explique e comprove o mecanismo de ação da prece. Não existe?! É exatamente a isso que se propõe L. Palhano Jr. *O livro da prece* é o relato das experiências realizadas nos laboratórios do CIPES (Círculo de Pesquisa Espírita), tendo por objetivo explicar e comprovar a ação da prece. A conclusão do trabalho não apenas reafirma a eficácia da prece, mas apresenta-nos condições para torná-la mais eficaz.

# OBSESSÃO
## Assédio por Espíritos

De acordo com a doutrina espírita, chama-se obsessão ao "domínio que alguns espíritos logram conseguir sobre certas pessoas". Esse fenômeno, presenciado e solucionado com naturalidade por Jesus, sempre provocou o temor daqueles que o testemunhavam. O diálogo dos religiosos com esses espíritos infelizes foi cercado de fórmulas ritualísticas infantis que não alcançavam qualquer resultado.

# PASSE
## Magnetismo Curador

Esta obra é indicada para todo aquele que quiser estudar profundamente o assunto e melhorar significativamente o resultado da aplicação de passes. Este livro aborda também os temas correlatos e indispensáveis ao estudo do passe, como o perispírito, a aura, os centros de força e chacras, a sugestão hipinótica, a água fluidificada, o sopro, a irradiação mental e o olhar magnético.

# Laudos Espíritas da Loucura

Laudos espíritas da loucura

L. Palhano Jr.
Júlia Anália S. Oliveira

Lachâtre

O espiritismo oferece uma contribuição inestimável ao estudo e à terapia dos desequilíbrios psíquicos e comportamentais. Monomanias, depressão e até mesmo formas extremas de loucura são atenuadas e curadas, mediante um tratamento espiritual adequado. *Laudos Espíritas da Loucura* narra, precisamente, a atividade de um grupo de nove médiuns, sob a orientação espiritual do dr. Bezerra de Menezes, dedicados a aliviar o sofrimento e a curar doentes com distúrbios mentais, através de técnica inédita. Como supervisor do grupo, o professor Lamartine Palhano Jr. Recolheu esse rico material, palpitante de vida. Esta obra mergulha no mais profundo do psiquismo humano, muito além do aceito pela ciência oficial.

# O Significado
# Oculto dos Sonhos

A compreensão do real significado de seus sonhos é algo que o homem vem buscando desde que surgiu no mundo. Com todo o avança que a ciência contemporânea conquistou, uma pergunta tão simples que nos fazemos diariamente nunca teve resposta satisfatória: – O que significa o sonho que tive esta noite?

De posse de uma chave nunca antes utilizada pelos estudiosos do assunto, por puro e anticientífico preconceito – o conhecimento da dimensão espiritual do ser humano –, o pesquisador L. Palhano Jr., um dos mais notáveis cientistas espíritas da atualidade, consegue de maneira simples a compreensão do que, como tudo na natureza, també, é simples: o significado ocultos dos sonhos.

# Evocando os Espíritos

A evocação dos mortos é um dos fenômenos mais antigos e persistentes da evolução cultural e religiosa da humanidade. Hoje, como há milhares de anos, os homens procuram vasculhar os mistérios do além, em busca de notícias de seus entes queridos, mas também de palavras de esperança e consolo. O espiritismo acrescentou um novo capítulo a essa história: a orientação dos vivos a espíritos infelizes, perdidos nas trevas ou apenas desorientados em seu novo mundo. Todos esses atos serão legítimos? Devem-se evocar os mortos? Há riscos? Como identificá-los?

A essas indagações, L. Palhano Jr. responde com argumentação irrefutável, baseado em Kardec e em uma longa pesquisa científica envolvendo a evocação de quarenta espíritos.

Esta edição foi impressa em Maio de 2018 pela Assahi Gráfica e Editora Ltda., São Bernardo do Campo, SP, para o Instituto Lachâtre, sendo tiradas duas mil cópias, todas em formato fechado 140x210mm e com mancha de 100x171mm. Os papéis utilizados foram o Off-set 75g/m$^2$ para o miolo e o Cartão Supremo 300g/m$^2$ para a capa. O texto foi composto em Utopia Std 13/15,2, as citações e as notas, em 11/13,2. A programação visual da capa foi elaborada por Fernando Campos.